CHRISTEN, DISCIPEL, OF SLAAF?

Torben Søndergaard

CHRISTEN, DISCIPEL, OF SLAAF?

Torben Søndergaard

Laurus Books

CHRISTEN, DISCIPEL, OF SLAAF?

Door Torben Søndergaard

Paperback ISBN: 978-1-938526-73-2

Vertaling in het Nederlands:
    Ronald Plat, Freek van Breugel en Dennis Lichtenveldt

De omslag voor ontwerpen door Ronald Gabrielsen

Gepubliceerd door LAURUS BOOKS

Te bestellen op: www.thelastreformation.com

LAURUS BOOKS
P. O. Box 894
Locust Grove, GA 30248 USA
www.TheLaurusCompany.com

INHOUDSOPGAVE

Christen, Discipel, of Slaaf?

Het is mijn grote verlangen dat dit boek een discussie op gang gaat brengen over de betekenis van het Christen zijn—een discussie die nodig is, zowel binnen als buiten de kerk.

Veel mensen in de kerk leven in een staat van misleiding die hen ver weg heeft gevoerd van het Christendom waarover we lezen in de Bijbel; het Christendom dat mensen redt en verandert. Deze "Christenen" zijn het product van een "Christendom" dat in sommige opzichten ver verwijderd is van wat de Bijbel zegt. Als jij een van hen bent dan hoor jij bij de velen die het echte evangelie moeten horen en die het leven moeten gaan leiden dat God voor hen heeft; een krachtig leven met Jezus Christus als jouw Heer en Redder; een leven waar vele misleide Christenen eigenlijk naar verlangen.

De gemiddelde persoon die het Christendom alleen kent van bepaalde kerkactiviteiten moet ook het echte evangelie horen dat gaat over behoudenis door geloof in Jezus. Ook zij hebben de boodschap in dit boek nodig om hen te tonen dat het Christendom veel meer inhoudt dan wat zij geloven of wat in hun denken leeft.

Vandaag de dag zien we dat mensen zich bekeren tot de islam omdat het Christendom voor hun gevoel heeft afgedaan. Laatst hoorde ik een interview met een Deen die zich had bekeerd tot de islam. De reden die hij hiervoor gaf was dat in de islam bepaalde religieuze handelingen en geboden waren, in tegenstelling tot het Christendom waar je, volgens hem, kunt leven zoals je zelf wilt zolang je maar naar de kerk gaat. Het is wel duidelijk dat hij niet bekend is met het Christendom waar Jezus mee kwam, zoals dat wordt uitgeleefd op vele plaatsen op deze aarde. Zijn verklaring laat echter wel het beeld zien van het Christendom zoals velen er tegen aan kijken; een misleidend plaatje dat ver verwijderd is van de Bijbelse beschrijving en het ware Christelijke leven dat wordt geleefd door miljoenen Christenen over de hele wereld: een sterk persoonlijk en toegewijd leven met Jezus als Heer. Ik hoop dat dit boek kan helpen om hier iets aan te veranderen.

U kunt mij helpen door de discussie aan te gaan over de vraag wat een Christen nu eigenlijk is zodat we snel een verandering gaan zien in Europa. U kunt ook bijdragen door het verspreiden van de boodschap in dit boek, door te beginnen met het gebruik van het woord "discipel" of "slaaf" in plaats van het woord "Christen", dat zo misleidend kan zijn. Door het gebruik van deze woorden kunnen we een compleet nieuw licht werpen op het Christendom en haar doel, zodat we verandering gaan zien in de kerk en buiten de kerk.

Ik wens u veel leesplezier. Ik hoop dat dit boek een verandering in uw leven te weeg gaat brengen als u zicht gaat krijgen op uw plaats in de relatie met Jezus en Zijn woord als het gaat om het volgen van Hem.

God zegene u.

Torben Sondergaard
Een discipel van Jezus Christus
www.thelastreformation.com

Een Gedachte Experiment

Stelt u zich eens voor dat er geen enkele Christen zou zijn in de hele wereld. U bent ook geen Christen en u heeft nog nooit gehoord over het Christendom. Er zijn geen kerken, geen Christelijke boeken, geen Christelijke televisieprogramma's of Christelijke kranten. Er is niets op deze aarde dat ook maar iets van doen heeft met het Christendom, behalve één goed verstopte Bijbel.

Op een dag vindt u deze Bijbel. U heeft nog nooit iets gezien of gehoord over de Bijbel, Jezus of het Christendom, maar op enig moment gaat u het boek lezen. U begint met het Oude Testament en leest over de schepping en hoe het land Israël is ontstaan. U leest over hoe God strijdt voor zijn volk en u krijgt een duidelijk beeld van een God die heilig en rechtvaardig is; een God die boos kan worden, maar die ook genadig en geduldig is; een God die grote liefde had voor zijn volk; een God die op een dag een Redder zou zenden, wat ook precies de rode draad is door het Oude Testament heen. Wanneer u bij het einde van het Oude Testament komt heeft u een goed beeld van wie God is en hoe Hij handelt. Vervolgens gaat u het Nieuwe Testament lezen, waar u kunt lezen wie de Redder is die God heeft beloofd in het Oude Testament.

U begint de vier evangeliën te lezen die vertellen over hoe Jezus rondging, het goede nieuws verkondigde en de zieken genas. Pagina na pagina leest u hoe Hij predikte dat mensen zich moesten bekeren en moesten geloven in het evangelie; dat iedereen die het Koninkrijk wilde beërven zijn kruis moest opnemen en Hem moest volgen, en over alle andere radicale dingen die Hij zei en deed. De vier evangeliën beschrijven hoe Jezus zijn discipelen meenam en hen uitzond om het Koninkrijk van God te verkondigen en de zieken te genezen. U leest daar dat Jezus geliefd was door sommigen en door anderen werd gehaat. U leest dat Hij zichzelf overgaf om te sterven aan het kruis voor ons en dat Hij door zijn dood en opstanding de dood overwon. Na het lezen van de vier evangeliën heeft u een goed beeld van wie Jezus was en wat Hij predikte.

Vervolgens gaat u verder in Handelingen waar u kunt lezen dat Jezus na zijn opstanding verscheen aan de gelovigen en dat Hij hen vertelde dat ze kracht van omhoog zouden ontvangen wanneer de Heilige Geest over hen zou komen. Vervolgens leest u hoe het allemaal plaatsvond. Al lezende door het boek Handelingen begint u te begrijpen hoe de eerste Christenen leefden. Het was een leven met een heleboel tegenstand en vervolging waar het hen werkelijk alles kostte om Jezus te volgen. Zij leefden een bovennatuurlijk leven in gemeenschap met God en met elkaar; een leven waarin de Christenen op pad gingen en het Koninkrijk van God predikten waarbij de prediking vergezeld ging van wonderen en tekenen.

Na het boek Handelingen gaat u verder met de brief van Paulus aan de Romeinen. In de eerste vier hoofdstukken leest u dat we allemaal gezondigd hebben en ver van God verwijderd zijn. Hoofdstuk 5 beschrijft dat Jezus de nieuwe Adam is die heeft gezorgd dat wij vergeven konden worden en verzoend met God. Hoofdstuk 6 tot en met 8 beschrijven dat we niet langer slaven van de zonde zijn en dat ware vrijheid komt wanneer u wordt gedoopt en gaat wandelen in gehoorzaamheid aan de Geest in plaats van het vlees. Daarna komt u bij Hoofdstuk 9 en 10 waarin wordt uitgelegd dat er redding voor u mogelijk is wanneer u Jezus Heer maakt van uw leven.

Wanneer u dit heeft gelezen buigt u uw knieën en vraagt u of Jezus u wil redden en of Hij Heer wil zijn van uw leven. Vervolgens ervaart u direct de wedergeboorte waar de Bijbel over spreekt, u weet diep van binnen dat u gered bent en vervolgens wordt u gedoopt in de Heilige Geest, waar u steeds over heeft gelezen in het boek Handelingen.

Wanneer u zich daar op uw knieën bevindt, in een wedergeboren staat, voelt u dat er van binnen iets is veranderd. U weet nu diep van binnen dat u vergeven bent en dat de Bijbel waar is want u heeft het zelf ervaren in uw lichaam en u draagt dit getuigenis nu van binnen. U staat op, vastberaden om Jezus voor 100 % te volgen en u begint direct door uzelf te dopen in water, omdat er niemand anders is die dit bij u kan doen.

Vanaf dat moment begint u te leven als een Christen, gebaseerd op wat er staat in de Bijbel, die de enige beschrijving biedt van het Christelijke leven die u kent. Het is uw enige instructieboek en het is de enige plaats waar u antwoorden kunt vinden op de vraag wie God werkelijk is. U begint dit boek te gebruiken als een spiegel omdat er geen andere Christenen zijn waar u zichzelf mee kunt vergelijken en waar u met vragen terecht kunt. Het enige dat u heeft is de Bijbel – en de Heilige Geest die de betekenis kan openbaren.

Vraagt u zichzelf eens af:

Als u die ene persoon was uit het voorbeeld, hoe zou u dan leven?
Denkt u dat u exact zou leven zoals u nu doet?
Zou u hetzelfde leven zoals zo vele Christenen vandaag de dag?
Of zou u geheel anders leven dan wat we tegenwoordig zien in het moderne Christendom?
Zou u een ander beeld hebben van wie God is en wat het werkelijk betekent om als een Christen te leven?

De waarheid is dat als u zou gaan geloven in Jezus door zijn woorden te lezen, als de Bijbel uw enige beschikbare bron zou zijn, dan zou u zeker iets heel anders gaan ontdekken dan wat we tegenwoordig zien op vele plaatsen. Jezus was in de eerste plaats iemand die zeer radicaal predikte. In de tweede plaats zou u uw leven alleen maar bouwen op het Woord van God, en niet, zoals zovelen vandaag de dag doen, een klein beetje op het Woord en een klein beetje op onze

"Christelijke" cultuur. Een van de grootste problemen vandaag de dag is dat we onszelf als Christen zo snel vergelijken met andere Christenen en met onze Christelijke cultuur, in plaats van met de Bijbel. We kijken naar onze mede Christenen en denken: "Als hij op zo'n manier kan leven en toch nog steeds een Christen kan zijn, dan kan ik dat ook." We kijken naar onze kerken en denken: "Als zij hun kerkdiensten op deze manier doen, dan zal het wel goed zijn. Zij doen het al vele jaren op deze manier dus zullen zij wel weten wat het beste is." En als we in het Nieuwe Testament lezen over de kracht van God en het leven van de eerste Christenen dan denken we: "ja, het was een bijzondere tijd. Maar vandaag de dag leven we in een andere tijd waar dingen anders zijn." Dit is niet alleen een verkeerde manier van denken, maar dit is ook gevaarlijk omdat we alleen op het Woord van God moeten bouwen en niet op onze cultuur of op onze mede Christenen.

Probeert u alstublieft tijdens het lezen van dit boek te negeren wat onze Europese "Christelijke" cultuur zegt en hoe andere Christenen om u heen leven. Als u daar in slaagt en u staat open voor wat het Woord van God zegt, dan kan dit boek een verandering brengen in uw leven en u redden van de ondergang. In dit boek probeer ik een beeld te schetsen van wat het betekent om te leven als een Christen volgens de Bijbel. Laten we onszelf alleen vergelijken met het Woord van God in plaats van naar elkaar te kijken of naar onze cultuur.

Laten we lezen wat de Bijbel zegt en veranderd worden, van glorie tot glorie.

"En wij allen, die met een aangezicht, waarop geen bedekking meer is, de heerlijkheid des Heren weerspiegelen, veranderen naar hetzelfde beeld van heerlijkheid tot heerlijkheid, immers door de Here, die Geest is." (2 Korintiërs 3:18)

Onderzoek jezelf

D e inhoud van dit boek kan nogal radicaal en vreemd over-komen bij mensen. De reden is dat we langzaam maar zeker zijn afgedwaald van het Christendom waar we over lezen in de Bijbel. We leven in een tijd waarin mensen leraren om zich heen verzamelen die hen naar de mond praten in plaats van dat men luistert naar wat de Bijbel werkelijk zegt.

> *"Want er komt een tijd, dat de mensen de gezonde leer niet meer zullen verdragen, maar omdat hun gehoor verwend is, naar hun eigen begeerte zich tal van leraars zullen bijeenhalen, dat zij hun oor van de waarheid zullen afkeren en zich naar de verdichtsels keren."*
> (2 Timotheüs 4:3)

Men zegt dat de waarheid pijn doet en soms is dit ook zo. We mogen echter niet vergeten dat, hoewel de waarheid soms pijn doet, het nog steeds de waarheid is, en de waarheid zal ons vrijmaken, zoals Jezus zei.

Het Christendom is behoorlijk veranderd in vergelijking tot de eerste kerk waar we over lezen in de Bijbel. Zelfs in de laatste honderd jaar is de kerk door grote veranderingen gegaan, vooral in de Westerse wereld. Een van de dingen die er anders uitziet is de prediking—en dan met name als het gaat om geloof. Vandaag de dag kun je op veel plaatsen horen dat wij ons als Christenen niet hoeven af te vragen of ons geloof goed genoeg is.

Dit is precies het tegenovergestelde van wat de Bijbel zegt en wat Christenen een paar eeuwen terug zeiden.

"Stelt uzelf op de proef, of gij wel in het geloof zijt, onderzoekt uzelf. Of zijt gij niet zo zeker van uzelf, dat Jezus Christus in u is? Want anders zijt gij verwerpelijk." (2 Korintiërs 13:5)

Hier kunnen we lezen dat Paulus ons uitdaagt om ons eigen geloof te onderzoeken. Het betekent niet dat wij iedere minuut van de dag ons geloof in twijfel moeten trekken, maar Paulus zegt dat wij als Christenen onszelf moeten onderzoeken en kijken of we werkelijk wandelen in het geloof. We moeten onszelf onderzoeken want als Christus niet in ons is, dan zullen we het niet redden. We zullen moeten gaan lezen wat het Woord zegt over geloof en het leven met Jezus en ons leven daar mee vergelijken. Als ons leven daar niet mee overeenstemt dan zullen we ons moeten bekeren en opnieuw beginnen met het wandelen in geloof. Dit is belangrijk als we de test willen doorstaan.

Zelfonderzoek en bekering is iets dat we als Christen regelmatig moeten doen want we leren steeds weer nieuwe dingen. God is constant aan het werk in ons en wil dat we steeds dichter bij Hem gaan komen. Daarom is het belangrijk dat je als Christen nooit achterover gaat zitten en denken dat je het hebt gepakt. Nee, in plaats daarvan moet je jezelf afvragen:

Hoe leef ik eigenlijk in vergelijking met de Bijbel?

Leeft Christus werkelijk in mij, of leef ik nog steeds bewust in zonden?

Ben ik in het verleden weggelopen van een pure en oprechte relatie met Jezus? Ben ik eigenlijk ooit wel op dat punt geweest?

Het is zeer belangrijk dat we deze vragen aan onszelf stellen omdat we allemaal beïnvloed zijn door de tijd en omstandigheden waarin we leven; een tijd waarin het evangelie zelden wordt gepredikt in zijn pure en radicale vorm zoals Jezus en de apostelen die predikten; een tijd waarin niet altijd de gezonde leer wordt gepredikt, maar eerder iets wat leuk klinkt in onze oren, zoals we al reeds eerder lazen. We zijn allemaal op de een of andere manier beïnvloed door het hedendaagse Christendom, dat in vele opzichten niet vergelijkbaar is met de Bijbel.

We moeten onszelf onderzoeken door onszelf te vergelijken met de Bijbel en niet met onze buren of met andere Christenen in de kerk – als we het laatste doen dan zal alles fout aflopen. In sommige gevallen kan het er op uitlopen dat de ene blinde de andere blinde leidt:

"Laat hen gaan, blinden zijn zij, die blinden leiden. Indien een blinde een blinde leidt, zullen zij beiden in een put vallen." (Mattheüs 15:14)

Veel hedendaagse predikers, in tegenstelling tot de predikers van vorige eeuwen, beschouwen het als hun taak om de gelovigen te helpen om niet te twijfelen aan hun geloof. In die tijd was het de taak van de predikers—en gelukkig is dat nog steeds het geval in onze tijd—om het Woord zo duidelijk mogelijk te prediken en daardoor aan het licht te brengen of er iets was dat niet verenigbaar was met de Bijbel. Het zorgde voor twijfel in de harten van sommigen, en daarmee zat de taak van de prediker erop. Het liet zien dat er iets mis was, wat er hopelijk voor zorgde dat mensen zich bekeerden en om vergeving vroegen aan God. En dit is vele malen beter dan verder leven in bedrog zonder Christus en daardoor iedere dag de test niet kunnen doorstaan.

Wees daarom dankbaar als dit boek u iets laat zien vanuit het Woord dat niet klopt in uw leven en u raakt, en doe er dan ook iets aan. Het is beter dat u het nu ziet dan dat u er achter komt op de dag des oordeels als u voor Jezus staat en Hij tot u zegt: "Ga weg van mij, Ik ken u niet omdat u in zonden leefde." Vandaag kunt u vergeving en redding ontvangen.

Belijd Jezus als uw Heer

We zullen starten met te kijken naar de dingen die Jezus zei over redding en over het belijden dat Hij uw Heer is.

"Gaat in door de enge poort, want wijd is de poort en breed de weg, die tot het verderf leidt, en velen zijn er, die daardoor ingaan; want eng is de poort, en smal de weg, die ten leven leidt, en weinigen zijn er, die hem vinden." (Mattheüs 7:13-14)

Na deze eye-opener gaat Jezus verder met hoe we mensen kunnen herkennen aan hun vruchten, of hun daden, en Hij waarschuwt hen met de volgende angst aanjagende woorden:

"Niet een ieder, die tot Mij zegt: Here, Here, zal het Koninkrijk der hemelen binnengaan, maar wie doet de wil mijns Vaders, die in de hemelen is. Velen zullen te dien dage tot Mij zeggen: Here, Here, hebben wij niet in uw naam geprofeteerd en in uw naam boze geesten uitgedreven en in uw naam vele krachten gedaan? En dan zal Ik hun openlijk zeggen: Ik heb u nooit gekend; gaat weg van Mij, gij werkers der wetteloosheid." (Mattheüs 7:21-23)

Uit deze teksten kunnen we opmaken dat er maar weinig mensen naar de hemel zullen gaan die Jezus "Heer" noemen. Hij zegt dat de poort eng is en de weg smal is en dat er weinigen zijn die hem vinden.

Hij zegt ook dat Hij op een dag tot vele mensen zal zeggen die Hem beleden hebben als Heer: "Ik heb jullie nooit gekend. Ga weg van mij, werkers der wetteloosheid!"

Het is daarom niet genoeg om "Here, Here" te zeggen tegen Jezus en geloven dat alles wel in orde is, zoals velen doen vandaag. Als het woord "Here" twee keer achter elkaar wordt gebruikt dan komt dat omdat dat de manier was waarop schrijvers zich uitdrukten in die tijd. Als we in onze tijd iets willen benadrukken dan schrijven we dat in blokletters, in schuine letters of in vetgedrukte letters. Dit deden ze echter niet in het verleden. Zij gebruikten deze methode om bepaalde woorden te herhalen.

Als er daarom "Here, Here" staat betekent het dat de persoon eigenlijk het woord "Here" één keer zegt, maar dat het specifiek vanuit het hart komt en dat er de nadruk op wordt gelegd. Als Jezus zegt dat niet een ieder die "Here, Here" zegt naar de hemel gaat dan praat Hij niet over mensen die kauwgom kauwend met hun handen in de zakken mompelen: "Jezus is mijn Heer." Nee, de woorden van Jezus zijn veel serieuzer: Hij praat over mensen die hem "Heer" noemen en die het werkelijk menen – tenminste in hun eigen beleving en op hun eigen manier.

Verschrikkelijke woorden, vindt u niet? Niettemin zijn het wel de woorden van Jezus en dat feit alleen al moet Christenen aan het denken zetten zodat ze hun leven gaan evalueren in overeenstemming met de woorden van Jezus en de rest van de Bijbel.

"Wat noemt gij Mij Here, Here, en doet niet wat Ik zeg?" (Lukas 6:46)

Is dit geen goede vraag? Waarom noemt u Hem "Heer" als u het toch niet echt meent en u niet doet wat Hij zegt?

Na deze vraag gaat Jezus verder en vertelt Hij een verhaal over het bouwen op de rots of bouwen op het zand.

"Een ieder, die tot Mij komt en mijn woorden hoort en ze doet, Ik zal u tonen aan wie hij gelijk is. Hij is gelijk aan iemand, die bij het bouwen van een huis diep gegraven en het fundament op de rots gelegd heeft. Toen een watervloed kwam en de stroom tegen dat huis

aansloeg, kon hij het niet aan het wankelen brengen, omdat het goed gebouwd was. Doch wie hoort en het niet doet, is gelijk aan iemand, die een huis op de grond bouwt zonder fundament. Toen de stroom daar tegenaan sloeg, stortte het terstond in en het huis werd één grote bouwval." (Lukas 6:47-49)

Uit dit verhaal wordt duidelijk dat het enige verschil tussen degene die bouwde op zand en degene die bouwde op de rots is dat de laatste doet wat Jezus zegt. Het heeft niets te maken met hun belijdenis, maar met de manier waarop ze leven. We kunnen met onze mond gemakkelijk belijden dat Jezus onze Heer is zonder dat we Hem ook Heer van ons hart maken en daar naar gaan leven.

Wanneer we praten over gehoorzaamheid dan zullen velen zeggen dat we hier over daden praten en dat het Christendom geen religie is van daden. Natuurlijk is het zo dat u niet gered kunt worden door uw eigen goede daden, maar alleen door geloof in Jezus. Het ware geloof zal echter altijd leiden tot gehoorzaamheid aan Hem omdat we geloven dat wat Hij zegt juist is en dat we daar ook in het volste vertrouwen naar willen leven. De daden zullen dan een natuurlijk onderdeel zijn van ons geloof.

"Want gelijk het lichaam zonder geest dood is, zo is ook het geloof zonder werken dood." (Jakobus 2:26)

Natuurlijk, het gaat niet om de werken zelf, maar om Jezus en Zijn leven door ons heen, wat verder duidelijk zal worden in het boek. Het gaat niet specifiek om de daden op zichzelf, maar om het leven met Hem; een leven dat van nature daden zal voortbrengen. Als je Christenen vandaag de dag vraagt hoe ze gered zijn, dan zullen velen zegen dat het gebeurde door geloven en belijden dat Jezus Heer is. Dit staat toch immers in het wel bekende vers in Romeinen 10?

"Want indien gij met uw mond belijdt, dat Jezus Heer is, en met uw hart gelooft, dat God Hem uit de doden heeft opgewekt, zult gij behouden worden." (Romeinen 10:9)

Ja, dit klopt inderdaad. Het punt dat ik hier echter wil maken is dat, ondanks dat het hier zo duidelijk staat geschreven, er toch velen zullen zijn die "Here, Here" tegen Hem zeggen, maar toch niet naar de hemel gaan. Als Jezus zelf aan u vraagt waarom u hem "Here, Here" noemt terwijl u toch niet doet wat Hij u zegt, komt dat omdat de belijdenis op zichzelf u niet redt. U wordt gered door wat achter de belijdenis ligt, hetgeen voor u de reden is om te belijden dat "Jezus mijn Heer" is.

In Mattheüs hoofdstuk 21 vertelt Jezus de gelijkenis over de twee zonen in de wijngaard. Probeer uw aandacht te zetten op het feit dat de zonen niet met elkaar worden vergeleken op grond van wat ze zeggen, maar op grond van wat ze doen.

> *"Wat dunkt u? Iemand had twee kinderen. Hij ging naar de eerste en zeide: Kind, ga en werk vandaag in de wijngaard. En hij antwoordde en zeide: Ja, heer, maar hij ging niet. Hij ging naar de tweede en sprak evenzo. En deze antwoordde en zeide: Ik wil niet, maar later kreeg hij berouw en ging toch. Wie van de twee heeft de wil van zijn vader gedaan?*
>
> *Ze zeiden: De laatste. Jezus zeide tot hen: Voorwaar, Ik zeg u, de tollenaars en de hoeren gaan u voor in het Koninkrijk Gods. Want Johannes heeft u de weg der gerechtigheid gewezen en gij hebt hem niet geloofd. De tollenaars en de hoeren echter hebben hem geloofd, doch hoewel gij dat zaagt, hebt gij later geen berouw gekregen en ook in hem geloofd."* (Mattheüs 21:28-32)

Daarom zal niet iedereen die Jezus belijdt als Heer naar de hemel gaan, maar alleen degenen die Jezus ook als Heer hebben; degenen die Gods wil doen, zoals we zojuist hebben gelezen in het evangelie van Mattheüs.

Het zou volkomen duidelijk moeten zijn en onnodig om te vermelden, maar helaas is dit niet het geval. De hedendaagse houding naar geloof en belijdenis is dat je het ene ding kan geloven of belijden maar dat je iets anders kunt doen. Dit is echter nooit de bedoeling geweest van het geloof waar de Bijbel over spreekt.

In de volgende hoofdstukken zal het voor u nog duidelijker worden wat het ware geloof en wat het Christendom nu eigenlijk inhoudt. Het zal een ontdekkingstocht worden door het Woord van God. Het zal zeker opwindend worden – en misschien ook angstaanjagend. Het zal opwindend worden omdat het Woord van God de waarheid is, en het is de waarheid dat ons leven geeft en ons vrij zet. Het zal angstaanjagend zijn omdat de duisternis en het bedrog zichtbaar zal worden in ons leven wanneer het Woord van God haar licht op bepaalde zaken laat schijnen.

In dit onderwijs willen we dat het Woord van God ons laat zien hoe de zaken er daadwerkelijk voor staan. We zullen zien hoe ver we zijn afgedreven van God; hoe verkeerd onderwijs vele Christenen, die denken dat ze op het smalle pad wandelen, heeft misleid.

Daarom is het zo belangrijk dat we onszelf steeds weer onderzoeken of Jezus daadwerkelijk in ons woont, vooral in de laatste dagen waar de Bijbel over schrijft dat mensen zullen afvallen van het ware geloof als gevolg van verkeerd onderwijs. Het wordt beschreven als *"dwaalgeesten en leringen van boze geesten."* (1 Timotheus 4:1)

De Christenen zoals
ze vroeger waren

Wat houdt het in om een Christen te zijn? Als we kijken naar de Christenen vandaag de dag en we vergelijken onszelf met wat we lezen in het Nieuwe Testament dan zullen we al snel zien dat we iets missen dat de eerste Christenen wel hadden. Het Christendom dat wij nu hebben verschilt enorm van wat we lezen in de Bijbel.

Om een voorbeeld te geven, wij hebben niet de vrijmoedigheid die de eerste discipelen hadden. Zij konden niet stoppen met praten over alles wat zij hadden gezien en gedaan (Handelingen 4:20). Vandaag de dag zien we niet de wonderen en tekenen waar de eerste Christenen in wandelden. In de Bijbel kunnen we lezen dat mensen letterlijk de gordeldoeken van Paulus namen en die op de zieken legde zodat ze genazen en boze geesten werden uitgedreven (Handelingen 19:11) of dat Petrus ervoer dat wanneer zijn schaduw viel op de zieken dat zij genezen werden en dat boze geesten hen verlieten (Handelingen 5:15). In vele opzichten zien we een verschil tussen die tijd en nu.

Ik ben iemand die gelooft in opwekking en dat vele mensen zich tot God zullen keren. Ik geloof echter niet dat wij iets nieuws missen dat de wereld nog nooit heeft gezien.

Ik geloof niet dat we een nieuw soort Christendom nodig hebben, maar juist een oude soort. We moeten terug naar het begin van het

Christendom waar we over hebben gelezen. We moeten terug naar Gods plan en gaan zien hoe God gaat werken met ons zoals we kunnen lezen in het boek Handelingen. In de Bijbel zien we dat God echt sterk in hun midden werkte en dagelijks nieuwe mensen toevoegde aan de kring van gelovigen (Handelingen 2:47).

We kunnen lezen over de liefde die men had voor God en voor elkaar (1 Johannes 4:20). Het was die liefde die vele zonden bedekt en die je gewillig maakt om je leven af te leggen voor elkaar (Johannes 15:13).

Ja, vele dingen zijn veranderd. Ik ben er van overtuigd dat een van de redenen voor het feit dat we niet dezelfde dingen vandaag de dag zien is ons begrip van wat het echt betekent om te leven met Jezus als Heer. Vele Christenen bereiken nooit het punt waar het echt serieus wordt, waar God deel is van ons dagelijks leven, waar we een voortzetting zien van het boek Handelingen, waar wij het zijn die Hem dienen zodat Zijn wil zal geschieden en het niet Hij is die onze wil volbrengt.

Ik geloof dat een van de redenen voor dit misverstand – of dit bedrog, want dat is wat het werkelijk is – is dat we de verschillende woorden en uitdrukkingen die gebruikt worden in de Bijbel niet echt begrijpen, zoals bijvoorbeeld "Heer", "Christen" of "discipel". We hebben deze woorden een andere betekenis gegeven, en daarom komen we nooit op de plaats waar God ons wil hebben; op het punt waar Hij echt door ons dode vlees heen kan werken zoals Hij deed in de eerste gemeente.

Wanneer we praten over het kruis, het centrale thema van het Christendom, dan praten we over de dood. Jezus stierf aan het kruis om onze straf op zich te nemen. De keuze die alle mensen vandaag moeten maken verhoudt zich tot het kruis – of we sterven zelf letterlijk aan het kruis en nemen onze eigen straf op ons wanneer het komt, of we sterven door het kruis doordat we Jezus Heer van ons leven maken en we niet langer voor onszelf leven, maar voor degene die stierf en weer is opgestaan. Je kunt niet om het kruis heen, ook al willen vele mensen dit wel. Sterven aan je eigen ik is een van de sleutels tot het leven waar we over lezen in de Bijbel.

Er kan geen twijfel zijn over het feit dat de Christenen in de tijd van de apostelen anders leefden dan wij vandaag de dag – ook al is God nog steeds dezelfde als toen Hij in die tijd was. Het is daarom niet het Christendom en God die veranderd zijn, maar onze levensstijl.

Wanneer mensen op zoek zijn naar nieuwe definities van het Christendom dan moet je oppassen. Het zijn niet de nieuwe definities die we nodig hebben. Wat we missen is een nieuwe demonstratie. Wanneer we dieper gaan kijken in het Woord van God zullen we al snel zien waar we in de fout zijn gegaan.

Wat is een Christen?

Het eerste woord waar we naar zullen kijken is het woord "Christen"; een van de woorden waar vaak misverstanden over zijn. Vele mensen hebben dit woord verkeerd geïnterpreteerd, wat zorgt voor een hoop misverstanden. Uiteindelijk leidt dit tot misleiding waardoor vele mensen geloven dat ze het zijn, terwijl ze het niet zijn. Vele mensen die geloven dat ze op het smalle pad wandelen bevinden zich in werkelijkheid op de brede weg, de weg die leidt naar de ondergang.

Vele Christenen begrijpen niet waarom het moderne Christendom zo verschilt van dat van de Bijbel. In vele plaatsen krijgt men een ontwijkende uitleg waarom onze tijd een andere tijd is en waarom God op een andere manier werkt. Het antwoord is echter ergens anders te vinden.

Een van de belangrijkste redenen is dat vele mensen het woord "Christen" verkeerd begrijpen en daarom begrijpen ze ook niet wat het betekent om een "Christen" te zijn. Dat is de reden waarom ze geen leven, kracht of liefde hebben. Wat nog veel erger is, is dat velen verloren zullen gaan als er niet iets verandert. Vele mensen beschouwen zichzelf als een Christen door een verkeerd begrip van het Woord. Wanneer zij horen dat Christenen naar de hemel gaan, dan denken ze dat dat ook voor hen geldt.

Het eerste woord waar we naar zullen kijken is het woord

"Christen"; een van de woorden waar vaak misverstanden over zijn. Vele mensen hebben dit woord verkeerd geïnterpreteerd, wat zorgt voor een hoop misverstanden. Uiteindelijk leidt dit tot misleiding waardoor vele mensen geloven dat ze het zijn, terwijl ze het niet zijn. Vele mensen die geloven dat ze op het smalle pad wandelen bevinden zich in werkelijkheid op de brede weg, de weg die leidt naar de ondergang.

Vele Christenen begrijpen niet waarom het moderne Christendom zo verschilt van dat van de Bijbel. In vele plaatsen krijgt men een ontwijkende uitleg waarom onze tijd een andere tijd is en waarom God op een andere manier werkt. Het antwoord is echter ergens anders te vinden.

Een van de belangrijkste redenen is dat vele mensen het woord "Christen" verkeerd begrijpen en daarom begrijpen ze ook niet wat het betekent om een "Christen" te zijn. Dat is de reden waarom ze geen leven, kracht of liefde hebben. Wat nog veel erger is, is dat velen verloren zullen gaan als er niet iets verandert. Vele mensen beschouwen zichzelf als een Christen door een verkeerd begrip van het Woord. Wanneer zij horen dat Christenen naar de hemel gaan, dan denken ze dat dat ook voor hen geldt.

Velen echter bouwen op een fundament dat geen stand kan houden op de dag waarop de waarheid bekend wordt. Het is erg belangrijk dat we de juiste betekenis van het woord "Christen" gaan begrijpen. Laten we eens teruggaan naar de plaats waar het woord voor het eerst verscheen en zien wat er achter zit.

Als u kijkt naar het woord "Christen" of "Christenen" in een Bijbelse concordantie dan zult u zien dat het slechts drie keer voor komt in de hele Bijbel. De eerste keer dat het woord voor komt is het jaar 44, ongeveer 11 jaar nadat Jezus op aarde wandelde en de geboorte van de kerk.

" en dat de discipelen het eerst te Antiochië Christenen genoemd werden." (Handelingen 11:26)

U heeft misschien iemand wel eens horen onderwijzen dat het zijn van een "Christen" of het zijn van een "discipel van Jezus" verschillende dingen zijn. Deze gedachte wordt gedeeld door velen, al praten zij er vaak niet over. Dergelijke gedachten zouden betekenen dat je een Christen wordt door in Jezus te gaan geloven en dan ga je automatisch naar de hemel wanneer je dood gaat. Nadat je een Christen bent geworden kan je een stap verder gaan en ook discipel van Hem worden, wanneer je dat wilt, maar het is volkomen op vrijwillige basis. Het zware vereiste dat Jezus stelt van jezelf verloochenen als je een discipel wilt zijn zorgt ervoor dat velen er voor kiezen om alleen maar een "Christen" te zijn.

Leven als een discipel vereist namelijk dat je volkomen toegewijd moet zijn in alle gebieden van je leven, waar we later nog naar zullen kijken. De waarheid is echter, dat je geen onderscheid kunt maken tussen "het zijn van een Christen" en "het zijn van een discipel" want het is namelijk hetzelfde. Je kunt geen Christen zijn als je geen discipel bent.

We kunnen ook duidelijk lezen in dit vers dat het de discipelen waren die Christenen genoemd werden, dus dat betekent dat we moeten uitsluiten dat het hier gaat om twee verschillende groepen. Als het inderdaad waar zou zijn dat je eerst een Christen moet worden door in Jezus te geloven en dat je later zou kunnen kiezen om een discipel te worden, dan zou dit vers niet kloppen. Dan zou de tekst namelijk moeten luiden dat het voor het eerst in Antiochië was dat de Christenen discipelen werden genoemd, en niet dat de discipelen voor het eerst Christenen werden genoemd, zoals het er ook staat. Je kunt daarom geen verschil maken tussen beide begrippen.

De drieduizend mensen die tot geloof kwamen met Pinksteren door de preek van de apostel Petrus werden niet gewoon gelovigen of Christenen, zoals zo vele mensen vandaag de dag denken. Zij werden allemaal discipelen van Jezus.

Het woord "Christen" bestond helemaal niet in die tijd. Het werd voor het eerst geïntroduceerd circa 11 jaar na het ontstaan van de kerk als een soort bijnaam die de heidenen gaven en het komt van het woord "Christus", ofwel "de gezalfde". Zij werden Christen genoemd omdat zij in vele opzichten leken op Jezus in hun levensstijl. Zij waren Zijn volgelingen. Het woord dat gebruikt werd door de discipelen en door Jezus zelf was "discipel"- een discipel van Jezus. Zoals ik al eerder zei komt het woord "Christen" of "Christenen" slechts drie keer voor in de hele Bijbel, en de eerste keer is circa 11 jaar na het ontstaan van de kerk.

Het woord "discipel" wordt daarentegen meer dan 200 keer gebruikt in het Nieuwe Testament en het woord werd door iedereen gebruikt, inclusief Jezus, toen Hij de grote opdracht gaf aan Zijn discipelen. Het is belangrijk om te herinneren dat Jezus en de rest van de wereld in die tijd het woord "Christen" niet kende.

> *"En Jezus trad naderbij en sprak tot hen, zeggende: Mij is gegeven alle macht in de hemel en op de aarde. Gaat dan henen, maakt al de volken tot mijn discipelen en doopt hen in de naam des Vaders en des Zoons en des Heiligen Geestes en leert hen onderhouden al wat Ik u bevolen heb. En zie, Ik ben met u al de dagen tot aan de voleinding der wereld."* (Mattheüs 28:18-20)

De opdracht die Jezus gaf was daarom dat we van alle mensen discipelen zouden maken, hen zouden dopen in de naam van de Vader, de Zoon en de Heilige Geest en dat we hen zouden leren om Zijn geboden te onderhouden.

Het is nog steeds hetzelfde vandaag de dag. Laat niemand u misleiden door te geloven dat het zijn van een Christen en het zijn van een discipel twee verschillende dingen zijn. U kunt geen Christen zijn en gered worden zonder een discipel van Jezus te zijn met alle bijbehorende gevolgen.

Wat is een Discipel?

Het woord "discipel", net als het woord "Christen", wordt vaak verkeerd begrepen want het wordt niet gebruikt in onze cultuur. In de Bijbel kunt u lezen dat vele mensen hun eigen discipelen hadden, kijk als voorbeeld maar eens naar Johannes de doper en Mozes. In die dagen waren discipelen een natuurlijk onderdeel van het dagelijks leven. Een van de eerste keren dat we het woord tegenkomen in verband met Jezus is in Mattheüs, hoofdstuk 4, waar Jezus deze naam gaf aan zijn eerste discipelen.

In "e-sword", de elektronische versie van de Bijbel, staat het volgende commentaar:

"Zij moesten zich afzonderen tot ijverig dienstbetoon, en zichzelf inzetten om een nederige imitatie van Hem te zijn; ze moesten Hem volgens als hun leider."

Daarom zie je in hoofdstuk 4 van het evangelie van Mattheüs, als Jezus zijn eerste discipelen roept, dat Hij hen roept om alles achter te laten en Hem te volgen. Zij werden verondersteld om Zijn leerlingen te worden, Hem te volgen en van Hem te leren door naar Zijn leven te kijken. Daarom is een andere betekenis van het woord "discipel" ook leerjongen of student.

"Een discipel staat niet boven zijn meester, maar al wie volleerd is,

zal zijn als zijn meester." (Lukas 6:40)

De discipelen van Jezus werden daarom zijn studenten. Jezus was hun meester en zij volgden hem. Het woord "leerjongen" of "student" werd vroeger vaak gebruikt in onze cultuur, maar wordt tegenwoordig niet meer alledaags gebruikt. Het grote verschil tussen het zijn van een leerling en een gewone opleiding is dat je in het leerlingschap niet dezelfde schoollessen hebt als op een gewone school. Als leerling leer je het vak door het voorbeeld van de meester te volgen en hem na te doen, in tegenstelling tot een normale school waar je in de schoolbanken zit. En dit leerlingschap zien we bij Jezus en zijn discipelen. In de tijd van Jezus zien we echter dat de eisen een stuk hoger waren dan het volgen van de meester voor 8 uur per dag en dan weer vrij te hebben om te doen wat je zelf wilt. We kunnen daarom geen goede vergelijking maken op dit punt.

Om een goed begrip te krijgen van het woord "discipel" moeten we de context snappen die de schrijver in gedachten had. We kunnen niet zeggen dat de evangeliën zijn geschreven in een andere tijd en in een andere cultuur en dat het vandaag de dag totaal anders is, en dat we daarom een modernere definitie moeten hanteren. We moeten gaan kijken naar de schrijver en de cultuur van die tijd om te begrijpen wat het betekent als Jezus zegt dat we de mensen tot Zijn discipelen moeten maken.

Een ander verschil met die tijd was dat er respect was voor autoriteiten. Als we kijken naar het hebben van respect voor ouders, voor de politie en school-leraren, dan zien we duidelijk dat dit niet gevonden kan worden onder de hedendaagse jeugd, in vergelijking met de situatie van 20 jaar geleden. Het is onderdeel van de moderne cultuur dat we zelf willen beslissen wat goed of slecht is en dat we die beslissing niet willen neerleggen bij leraren of bij de politie. Helaas zien we dit gebrek aan respect voor een groot deel ook in de persoonlijke relatie die mensen hebben met Jezus. "Hij gaat hier niet over beslissen, ik wil het zelf doen, het is mijn leven" etc.

Echter, als Jezus zegt dat we mensen moeten maken tot Zijn discipelen, dan bedoelt Hij dat een ieder die Zijn discipel wil zijn, zijn leven moet afleggen en Hem moet volgen en van Hem moet leren – naar Hem moet luisteren en gehoorzamen wat Hij van hen vraagt.

Het originele begrip van discipelschap is duidelijk omschreven in de evangeliën, waar we zien dat de discipelen de hele tijd bij Jezus waren, hoe ze leerden en deden wat Hij zei, althans ze deden hun best; zij waren ook niet volmaakt. Met Pinksteren kwam de Heilige Geest op hen die hen hielp om te gehoorzamen.

Tot hier hebben we gezien dat het woord "Christen" was geïntroduceerd als een bijnaam en dat het woord niet gebruikt werd in het begin toen de eerste kerk ontstond.

Noch Jezus, noch de eerste discipelen gebruikten dat woord. Het komt slechts drie keer voor in de hele Bijbel, terwijl het woord "discipel" alleen al in het Nieuwe Testament 200 keer voor komt.

We zien dat Jezus zegt dat het doel is om mensen te maken tot Zijn discipelen. Het gebeurt door mensen te dopen in Hem, door Hem te volgen en Zijn geboden te gehoorzamen. Met andere woorden, iedereen moet een leerling van Jezus worden en een leven leven waar je hem nauwlettend volgt. Het is daarom belangrijk om de woorden goed te begrijpen zodat we niet verward worden als het gaat om het doel dat God heeft voor ons.

Probeer de volgende verklaringen eens te lezen die ik al zo vaak gehoord heb:

- *Ik ben een Christen, maar wel op mijn eigen manier*
- *Ik ben een Christen, maar ik ben er niet zo erg mee bezig*
- *Ik ben een Christen, maar ik geloof niet in de Bijbel*

Laten we nu het juiste woord "discipel" eens gebruiken. Ik wil u vragen om dezelfde verklaringen te lezen en in gedachten te houden wat we zojuist hebben geleerd over echt discipelschap.

- *Ik ben een discipel van Jezus, maar wel op mijn eigen manier*
- *Ik ben een discipel van Jezus, maar ik ben er niet zo erg mee bezig*
- *Ik ben een discipel van Jezus, maar ik geloof niet in de Bijbel*

Ik hoop dat u nu de misleiding begint te begrijpen betreffende het woord "Christen".

Dit is zeer ernstig en laat zien hoe ver we zijn afgedwaald van het originele Christendom en de gezonde leer. Het moge duidelijk zijn dat deze verklaringen, die door zoveel mensen worden gedaan, totaal geen nut hebben. Vele Christenen hebben een totaal verkeerd beeld van het leven met God, wat laat zien dat Jezus niet hun Heer en Redder is.

Het is schokkend dat zoveel mensen vandaag de dag absoluut geen probleem hebben om de dingen te zeggen die we hiervoor lazen. Zij zien het conflict niet. De misleiding ligt niet alleen in een verkeerd begrip van het woord "Christen", maar ook in wat het betekent om te leven met Jezus naar Bijbelse maatstaven.

Dit heeft niets te maken met het gebruiken van lieve woorden, maar met hoe we leven en wat we geloven. Vele mensen leven in een misleiding en zij zullen op een dag verloren gaan als ze zich niet bekeren.

Redding betekent niet dat we een bijnaam adopteren, wat het woord "Christen" feitelijk is. Het gaat om het zijn van een discipel van Jezus. Niet mijn discipel, of de discipel van een priester, maar een discipel van Jezus.

Wij zijn in de eerste plaats discipelen van Jezus. Natuurlijk moeten we degenen volgen die boven ons zijn gesteld, maar als we het accent gaan verleggen van Jezus naar onze leiders of menselijke rolmodellen, dan kan dit misbruikt worden omdat mensen macht willen uitoefenen over anderen, wat helaas gebeurd is op sommige plaatsen. Echter, Jezus heeft alle macht en het gaat alleen om Hem – ook al gebruikt Hij soms leiders om ons de weg te tonen. Daarom telt alleen wat Hij tot ons zegt door Zijn Woord, de Bijbel. Het gaat erom dat we Hem zoeken en dat de Heilige Geest Jezus aan ons openbaart zoals Hij is en wat Hij tot ons zegt.

Jezus zegt vele dingen als het gaat over het zijn van Zijn discipel. Een van de bewijzen hiervan is dat we in Zijn woord blijven, wat ons bovendien behoedt voor misleiding.

"Jezus dan zeide tot de Joden, die in Hem geloofden: Als gij in mijn woord blijft, zijt gij waarlijk discipelen van Mij en gij zult de waarheid verstaan, en de waarheid zal u vrijmaken. Zij antwoordden Hem: Wij zijn Abrahams nageslacht en zijn nooit iemands slaven geweest; hoe zegt Gij dan: gij zult vrij worden?" (Johannes 8:31-33)

Een Christen blijft in de woorden van Jezus. Met andere woorden, hij of zij leest en bestudeert de Bijbel en gehoorzaamt wat het zegt. Het is onmogelijk om een discipel van Jezus te zijn zonder zijn woorden te gehoorzamen.

Het is onmogelijk om een Christen te zijn—als we ons nog even houden aan het oude begrip—zonder te geloven in de Bijbel en volgens haar richtlijnen te leven. Het Woord, ofwel de Bijbel, is waar we ons leven vandaan krijgen. Door het Woord moeten we de waarheid leren kennen, die ons vrij zal maken. Het is door het Woord dat we Jezus leren kennen als de weg, de waarheid en het leven.

Sommige mensen zullen dit fundamentalisme noemen als we willen leven volgens de Bijbel, en dat klopt ook. Het woord "fundamentalisme" komt van het woord "bouwen op een fundament", welke in dit geval de Bijbel is. Alle Christenen zouden fundamentalisten moeten zijn. Ik weet dat dit woord vandaag de dag slechte gevoelens oproept omdat vele mensen dit woord associëren met islam en haar fundamentalisten, maar het is niet gevaarlijk om te bouwen op een Bijbels fundament. In tegendeel, Jezus maakte duidelijk dat als je bouwt op de rots dat het niet genoeg is om het Woord te horen, maar ook om het Woord te doen en er naar te leven.

Een andere vereiste van het zijn van een discipel van Jezus kan gevonden worden op vele plaatsen in de evangeliën. Het is belangrijk om te herinneren wat Jezus zei:

"Komt tot Mij, allen die vermoed en belast zijt, en Ik zal u rust geven; neemt mijn juk op u en leert van Mij, want Ik ben zachtmoedig en nederig van hart, en gij zult rust vinden voor uw zielen; want mijn juk is zacht en mijn last is licht." (Mattheüs 11:28-30)

We kunnen snel een fout maken en een zwaar juk op onszelf leggen als we de woorden van Jezus lezen, maar als onze eigen ik en onze eigen ambities dood zijn, dan is gehoorzaamheid geen probleem. Dan is het geen zwaar juk, maar puur plezier. Het moeilijkste is daarom niet zozeer om de Heer te gehoorzamen, maar juist dat we moeten sterven aan onze eigen ik. Dat is het ware strijdpunt.

Tegelijkertijd krijgen we kracht als we Jezus gehoorzamen, alleen

kunnen we dit niet bereiken in onze eigen kracht. In Hem hebben we
alles wat we nodig hebben, ook de kracht die nodig is om Hem te volgen.

Dit kan echter niet gebruikt worden als een excuus om Hem niet te
volgen, maar meer als een hulp om te beseffen dat alles wat we nodig
hebben om Hem te gehoorzamen gevonden kan worden in gemeenschap
en vriendschap met Hem. We gaan daar later nog naar kijken.

Een slaaf van Christus

In Efeze 6 beschrijft Paulus hoe slaven hun aardse meesters zouden moeten dienen.

"Slaven, weest uw heren naar het vlees gehoorzaam met vreze en beven, in eenvoud uws harten, als aan Christus" (Efeze 6:5)

Slaven zouden hun aardse meesters op dezelfde wijze moeten dienen zoals ze Christus dienen. Dat betekent dat zij dit moeten doen met vrezen en beven, en met een oprecht hart.

Maar is dit niet een erg radicale vergelijking? Het dienen van Christus heeft niets te maken met het zijn van een slaaf, toch?

De waarheid is dat als je de Bijbel in de originele grondtekst gaat bestuderen, dat je naar alle waarschijnlijkheid zal zien dat hetzelfde woord dat hier vertaald wordt met "slaaf", in een andere Bijbelse context wordt weergegeven als "dienaar". En nu wordt het pas echt interessant.

Het woord dat hier in Efeze is vertaald als "slaaf" is "doulos". Uit de context kunnen we opmaken dat "slaaf" de juiste toepassing van het woord is.

Hetzelfde geldt voor de brief van Paulus aan Titus, waar hij in een onderdeel van de tekst spreekt over slaven.

"De slaven moeten hun meesters onderdanig zijn in alles, het hun naar de zin maken zonder tegenspraak" (Titus 2:9)

Hoewel we op vele plaatsen kunnen zien dat het woord correct vertaald is als "slaaf" zien we op andere plaatsen dat hetzelfde woord vertaald is als "dienaar". We kunnen een voorbeeld vinden in een van de gelijkenissen van Jezus in het evangelie van Mattheüs.

"Want het is als een mens, die bij zijn vertrek naar het buitenland zijn dienaren riep en hun zijn bezit toevertrouwde." (Mattheüs 25:14)

Omdat het woord "doulos" hier wordt gebruikt zou hetzelfde woord ook kunnen worden vertaald als "slaven" in plaats van "dienaren": Een man riep zijn slaven en vertrouwde hen zijn bezit toe.

Een andere plaats waar het woord wordt vertaald als "dienaar" is het hoofdstuk waarin Jezus de voeten wast van de discipelen:

"Voorwaar, voorwaar, Ik zeg u, een dienaar staat niet boven zijn heer, noch een gezant boven zijn zender." (Johannes 13:16)

Het zou ook kunnen worden voorgesteld als: een slaaf staat niet boven zijn heer. Het is hetzelfde woord dat Paulus gebruikt wanneer hij zich richt tot de slaven in zijn brieven.

Er zijn meer plaatsen in de Bijbel waar het woord "dienaar" vervangen kan worden door "slaaf", wat niet compleet irrelevant is omdat het zijn van een dienaar een andere betekenis heeft dan het zijn van een slaaf. We gaan hier nog verder over discussiëren.

Laten we terug gaan naar het vers in Efeze. Deze keer kijken we naar het vers in relatie tot het volgende vers en we zullen zien dat hetzelfde woord op twee verschillende manieren kan worden vertaald.

"Slaven [doulos]*, weest uw heren naar het vlees gehoorzaam met vreze en beven, in eenvoud uws harten, als aan Christus, niet met ogendienst, als mensenbehagers, maar door als dienaren* [doulos] *van Christus de wil Gods van harte te doen, en bereidwillig dienstbaar te zijn als aan de Here en niet aan mensen."* (Efeze 6:5-7)

Men heeft hier besloten om het woord "doulos" te vertalen als "slaaf" op de ene plaats en als "dienaar" op de andere plaats. Het vers zou eigenlijk als volgt moeten worden weergegeven:

> *"Slaven, weest uw heren naar het vlees gehoorzaam met vreze en beven, in eenvoud uws harten, als aan Christus, niet met ogendienst, als mensenbehagers maar door als slaven van Christus de wil Gods van harte te doen, en bereidwillig dienstbaar te zijn als aan de Here en niet aan mensen."* (Efeze 6:5-7)

Spannend toch?

De betekenis van het vers verandert volkomen als je de uitdrukking "slaaf van Christus" gebruikt in plaats van "dienaar van Christus". Het woord "slaaf" zal waarschijnlijk verschillende gedachten bij u oproepen, maar als u gaat nadenken over de betekenis dan zou u, net als ik, de gedachte eerder bevrijdend vinden dan beperkend.

Een slaaf heeft namelijk weinig zorgen. Hij hoeft zich geen zorgen te maken over geld en over de toekomst. Zijn enige taak is om te doen wat de meester zegt.

Wij kunnen ook in geloof leven dat God iedere maand voorziet in geld – het is zo bevrijdend! Het betekent echter niet dat we achterover kunnen gaan zitten en niets doen. Een slaaf doet niet zijn eigen wil, maar dient en doet de wil van zijn meester. Een Christen zijn betekent dat je een discipel en een volgeling van Jezus bent; een slaaf van Christus, iemand die doet wat zijn meester wil.

Paulus begreep dit, net als zijn tijdgenoten. Dit is wat het betekent om een volgeling van Jezus te zijn:

> *"En voor allen is Hij gestorven, opdat zij, die leven, niet meer voor zichzelf zouden leven, maar voor Hem, die voor hen gestorven is en opgewekt."* (2 Korintiërs 5:15)

> *"Want als wij leven, het is voor de Here, en als wij sterven, het is voor de Here. Hetzij wij dan leven, hetzij wij sterven, wij zijn des Heren."* (Romeinen 14:8)

Als we de sterke woorden – "discipel" of "slaaf" gebruiken in plaats van het woord "Christen", wat volkomen verkeerd wordt gebruikt in deze tijd, dan zullen we de dingen zien zoals ze zijn, en zal de misleiding, waarin velen leven, worden geopenbaard.

Jezus zei tegen iedereen die Hem wilde volgen:

"Hij zeide tot allen: Indien iemand achter Mij wil komen, die verloochene zichzelf en neme dagelijks zijn kruis op en volge Mij. Want ieder, die zijn leven zal willen behouden, die zal het verliezen; maar een ieder, die zijn leven verloren heeft om Mijnentwil, die zal het behouden. Want wat baat het een mens, als hij de gehele wereld wint, maar zichzelf verliest of zelf schade lijdt? (Lukas 9:23-25)

Dit werd wel begrepen in de tijd van Jezus. Paulus, Petrus, Johannes en de andere discipelen leefden op die manier – zij begrepen dat ze nu toebehoorden aan iemand anders. Voor hen was de doop het teken dat ze niet langer voor zichzelf konden leven omdat ze werden gedoopt om eigendom te worden van Christus.

Het mooie van je leven neerleggen voor Jezus als Zijn slaaf is dat Hij ons niet zijn slaven zal noemen:

"Ik noem u niet meer slaven, want de slaaf weet niet, wat zijn heer doet; maar u heb Ik vrienden genoemd, omdat Ik alles, wat Ik van mijn Vader gehoord heb, u heb bekend gemaakt." (Johannes 15:15)

Ik zal hier later nog op terugkomen.

Op dit moment is het belangrijk om te begrijpen dat het net zo juist, of misschien wel juister is, om te zeggen dat we slaven van Christus zijn in plaats van Zijn dienaren. Wij zijn Zijn slaven, en dat betekent dat Hij onze Heer is en dat we Hem gehoorzaam moeten zijn.

Laten we nog eens kijken naar de verschillende verklaringen die we vandaag de dag horen, vervolgens de woorden "een slaaf van Christus" toevoegen en dan de verschillen gaan zien.

- Ik ben een Christen, maar wel op mijn eigen manier
- Ik ben een Christen, maar ik ben er niet zo erg mee bezig
- Ik ben een Christen, maar ik geloof niet in de Bijbel

Kijk nu eens naar de volgende versie.

- Ik ben een slaaf van Christus en ik behoor Hem toe, maar wel op mijn eigen manier
- Ik ben een slaaf van Christus en ik behoor Hem toe, maar ik ben er niet zo erg mee bezig

- Ik ben een slaaf van Christus en ik behoor Hem toe, maar ik geloof niet in de Bijbel

Ziet u in welke misleiding zoveel mensen leven?

Zoveel mensen noemen zichzelf Christen, maar ze zijn geen discipelen noch slaven van Christus. Zij zijn nog steeds hun eigen meesters en leven zoals ze zelf willen. Op een dag zullen er vele mensen verloren gaan omdat redding en behoudenis alleen een feit is als Jezus je Heer is.

Vele mensen denken dat alles in orde is, zelfs al is dit niet het geval. Velen geloven dat ze Christen zijn en daardoor op weg zijn naar de hemel, maar ze hebben Jezus feitelijk nooit Heer gemaakt van hun leven en daarom leven ze in misleiding. Als u de volgende keer het woord "Christen" hoort, denk dan hieraan:

Het woord "Christen" werd niet gebruikt in de eerste kerk en Jezus gebruikte het ook niet. Het bestond helemaal niet toen Jezus nog op aarde was. Het komt slechts drie keer voor in de hele Bijbel en het wordt voor de eerste keer genoemd circa 11 jaar na het ontstaan van de eerste kerk. Het was een soort bijnaam voor de discipelen van Jezus, voor degenen die hun hele leven hadden toegewijd om Jezus als Heer en Meester te volgen, wat ook in onze tijd zichtbaar zou moeten zijn.

Als je een Christen wilt zijn dan zal je ook een discipel van Jezus moeten zijn, oftewel zijn leerling of volger; iemand die blijft bij zijn woorden en doet wat hij zegt.

Het woord "discipel" komt meer dan 200 keer voor in het Nieuwe Testament, wat laat zien dat het veel belangrijker is dan het woord "Christen".

Het gaat er niet om dat u uzelf een Christen noemt of een discipel, waar het om gaat is dat u uw leven voor hem neerlegt en Hem belijdt als uw Heer. Het betekent dat u zijn slaaf wordt, waar het woord "doulos" ook naar verwijst. Dit woord wordt vaak gebruikt in de originele grondtekst, namelijk 125 keer.

Niet op onze eigen manier

Als u aan de gemiddelde Europeaan vraagt of zij Christen zijn, dan zullen de meesten zeggen van wel.

Als u daarentegen vraagt of zij een discipel van Jezus zijn, dan zal de meerderheid u waarschijnlijk verbaasd aan kijken en zeggen: "Een discipel? Wat bedoel je precies? De reden hiervoor is, zoals we reeds gezien hebben, een groot misverstand betreffende het woord "Christen".

Een ander groot probleem is dat vele mensen vandaag de dag denken dat het goed is om zelf je eigen definitie te geven aan wat het betekent om een Christen te zijn. Als je daarom de vraag aan Europeanen voorlegt of ze Christenen zijn, krijg je vaak het volgende antwoord: "Ja, dat ben ik, maar wel op mijn eigen manier."

Als je vervolgens doorvraagt of ze denken dat ze naar de hemel gaan als ze dood gaan dan zeggen ze: "Ja, ik denk het wel. Ik ben een goed persoon."

Dit is precies wat ik vaak heb meegemaakt wanneer ik met mensen praat over God en over eeuwig leven. Helaas geven zelfgemaakte definities van geloof of een voorbeeldig leven, dat niet gebaseerd is op de Bijbel, ons geen toegang tot de hemel.

Allereerst zal niemand naar de hemel gaan als gevolg van zijn eigen daden. Als die mogelijkheid er was geweest, dan was er geen enkele reden geweest dat Jezus voor ons moest sterven. Goede daden kunnen iemand onmogelijk redden omdat iedereen heeft gezondigd, zoals de Bijbel zegt. We gaan daar straks nog naar kijken.

Daarom is het zijn van Christen "op mijn eigen manier" volkomen uitgesloten als mogelijkheid.

Stelt u zich eens voor dat u op een dag wordt aangehouden in het verkeer door een man die zegt dat hij een politieman is en die u een boete wil geven van 100 euro voor een overtreding die voor u niet helemaal duidelijk is. U vraagt hem daarom of u zijn legitimatie als politieman mag zien want het komt allemaal een beetje vreemd over. Vervolgens vraagt u nogmaals aan hem of hij echt een politieman is, waarop hij antwoord: "Ja, ik ben een politieman, maar op mijn eigen manier." In het gesprek wat volgt blijkt dat hij nooit een opleiding heeft gehad voor politieman en niets heeft ondernomen waaruit zou mogen blijken dat hij politieman is, omdat hij zegt: "Het leek me allemaal veel te moeilijk, daarom heb ik besloten om politieman te worden op mijn eigen manier."

Zou u hem die 100 euro betalen? Waarschijnlijk niet omdat hij geen echte politieman is, maar een bedrieger. Hij is eigenlijk een misdadiger omdat het niet toegestaan is door de wet dat iemand die geen politieman is zichzelf een politieman noemt.

De waarheid is dat we allemaal weten dat je geen politieman kunt zijn op je eigen manier. Het is simpelweg onmogelijk. Een politieman moet een speciale opleiding volgen, moet de wet kennen en moet kunnen werken onder autoriteit. Op dezelfde manier is het compleet onmogelijk om een Christen te zijn op je eigen manier. Als je een Christen bent betekent het namelijk dat je een discipel van Jezus bent, het Woord van God kent en kunt werken onder God – als we de vergelijking met de politieman doortrekken. De uitdrukking "ik ben een Christen maar op mijn eigen manier" is daarom net zo belachelijk als de uitdrukking "ik ben een politieman, maar op mijn eigen manier."

Een ander voorbeeld waar vele Europeanen een fout maken is wanneer we geloven dat we naar de hemel gaan omdat we "goede" mensen zijn.

Geen enkel persoon is goed genoeg voor de hemel. Het werkt niet als we sommige van onze "goede" daden nemen, er een klein beetje Jezus aan toevoegen, het samen mengen en op die manier een weg banen naar de hemel. Redding en eeuwig leven zijn alleen te vinden in Hem—daarom kunnen we alleen naar de hemel op Zijn manier. Vele mensen beschouwen zichzelf goed in hun eigen ogen, maar de waarheid is dat we allemaal gezondigd hebben en dat we eeuwige veroordeling in de hel verdienen.

Kijkt u eens naar de tien geboden in Exodus hoofdstuk 20 en kijk eens of u een van deze geboden tenminste eenmaal hebt overtreden.

Als u een van deze geboden hebt overtreden dan bent u schuldig aan het overtreden van alle geboden.

"Want wie de gehele wet houdt, maar op één punt struikelt, is schuldig geworden aan alle geboden." (Jakobus 2:10)

Als u daarom slechts een keer iets hebt gestolen of begeerte had naar iemand anders dan uw echtgenote, dan bent u schuldig en verdient u de hel. En als u door alle geboden heen gaat en leest wat Jezus hierover zegt, dan zult u al snel zien dat het er niet al te best uit ziet.

Kijk als voorbeeld eens naar wat Jezus zegt over het gebod "u zult niet doden."

Heeft u ooit iemand vermoord? Het antwoord zal waarschijnlijk "nee" zijn. Maar kijk eens wat Jezus zegt over moord:

"Gij hebt gehoord dat tot de ouden gezegd is: Gij zult niet doodslaan; en : Wie doodslag pleegt, zal vervallen aan het gerecht. Maar ik zeg u: Een ieder die in toorn leeft tegen zijn broeder, zal vervallen aan het gerecht. Wie tot zijn broeder zegt: Leeghoofd, zal vervallen aan de Hoge Raad, en wie zegt: Dwaas, zal vervallen aan het hellevuur." (Mattheüs 5:21-22)

De conclusie die we kunnen trekken uit de woorden van Jezus is dat we allemaal moordenaars zijn want we hebben allemaal gedaan wat Hij hier zegt.

Het betekent feitelijk dat we allemaal verdiend hebben dat we in het hellevuur gegooid worden.

Wanneer we praten over het zijn van een goed persoon, dan is ons probleem dat we een eigen definitie hebben van wat het betekent om een goed persoon te zijn. Voorts vergelijken we onszelf vaak met wat slecht is.

We zijn snel om onszelf te vergelijken met onze buren of vrienden en baseren daarop een conclusie hoe het gesteld is met ons eigen leven. Deze dingen gebeuren beiden als we onszelf gaan vergelijken met andere goede mensen of met andere goede Christenen.

De Bijbel waarschuwt ons tegen dit soort vergelijkingen. Het zegt dat de Bijbel de spiegel is waarin we onszelf moeten beschouwen. Alleen in het Woord kunnen we onze eigen staat zien en nergens anders. Alleen op deze manier kunnen we voorkomen dat we op een dwaalspoor komen.

Zoals ik in het begin reeds zei, als we ons vergelijken met andere mensen kunnen we al snel in een situatie komen waarin de ene blinde de andere blinde leidt:

"Laat hen gaan, blinden zijn zij, die blinden leiden. Indien een blinde een blinde leidt, zullen zij beiden in een put vallen." (Mattheüs 15:14)

Laten we nog een voorbeeld noemen om aan te tonen dat u volgens de Bijbel geen goed persoon bent, maar dat u schuldig staat tegenover God als het gaat om uw eigen daden.

De Bijbel zegt dat leugenaars de hemel niet binnenkomen. Heeft u ooit gelogen?

U denkt misschien dat het helemaal niet zo erg is om te liegen – althans niet erg genoeg om hiervoor voor eeuwig in de hel gegooid te worden. Laten we eens naar het volgende kijken.

Als u liegt tegen een 3 jaar oud kind, wat kunnen ze dan tegen u doen? Het antwoord is: niets. Als u vervolgens liegt tegen uw echtgenoot, wat kunnen ze dan doen? De persoon in kwestie kan boos worden en vele andere dingen doen, afhankelijk van hun karakter. Als u liegt tegen uw baas, wat kan hij dan doen? U kunt ontslagen worden. Maar wat gebeurt er als u liegt tegen de rechter? Dan kunt u een geldboete krijgen of in de gevangenis terecht komen.

U ziet dat dezelfde leugen verschillende consequenties heeft, wat afhangt van tegen wie u liegt. Wat we moeten begrijpen is dat wanneer we liegen, we niet alleen liegen tegen de betrokken mensen, maar ook tegen God. Hij is het namelijk die ons het leven heeft gegeven en wanneer we liegen, dan liegen we in werkelijkheid tegen Hem.

Daarom is liegen ernstig genoeg om ervoor te zorgen dat mensen voor eeuwig naar de hel gaan. Als je daarom gelooft dat je naar de hemel kunt omdat je een goed persoon bent, dan betekent dat eigenlijk dat je God en Zijn Woord niet kent. Het is een enorm bedrog dat velen tot de ondergang heeft geleid. We zijn allemaal schuldig, maar we kunnen redding ontvangen wanneer we Jezus Heer en Redder van ons leven maken. Er is geen enkele manier waarop we iets kunnen verdienen van God. Het gaat er om dat we zijn genade en vergeving in ontvangst nemen.

Noch u, noch ik zijn goede mensen en als het er op aankwam dan zouden we verloren gaan. Redding en behoudenis kunnen alleen worden ontvangen dankzij Jezus Christus en zijn offer aan het kruis. Het is erg belangrijk om dit te begrijpen zodat we niet gaan proberen om Gods genade te gaan verdienen, en geloven dat goede daden ons kunnen redden. Het enige dat we kunnen doen is zeggen, "Heer, hier ben ik. Red mij. Laat mij uw genade zien en neem mij zoals ik ben."

Wanneer we dit doen dat zal Hij ons ontvangen, niet vanwege ons, maar vanwege Hem. God houdt van ons en verlangt naar ons. Hij liet dit zien toen Hij ons vergaf door Zijn zoon, Jezus Christus.

"Want alzo lief heeft God de wereld gehad, dat Hij zijn eniggeboren Zoon gegeven heeft, opdat een ieder, die gelooft, in Hem eeuw leven hebbe. Want God heeft zijn Zoon niet in de wereld gezonden, opdat Hij de wereld veroordele, maar opdat de wereld door Hem behouden worde." (Johannes 3:16-17)

Vele "Christenen", weinig discipelen

We kunnen als Christen ons leven niet leven op onze eigen manier. Een Christen worden kan maar op één manier, en dat is op Zijn manier. Naar de hemel gaan op grond van je eigen daden is absoluut onmogelijk. Redding en behoudenis kunnen alleen in Hem gevonden worden en in wat Hij voor ons gedaan heeft.

Denkt u eens aan mensen die u kent en die zichzelf Christen noemen. Zijn deze mensen Christen op hun eigen manier of leven ze echt als een discipel van Jezus, met alle consequenties die daarbij horen? Hebben deze mensen Jezus echt als Heer van hun leven of leven zij nog steeds voor zichzelf en voor hun eigen begeerten? Er zullen wel degelijk discipelen zijn, maar helaas zijn er zoveel "Christenen" die niet leven met Jezus als hun Heer en Redder. We hebben veel "Christenen", maar weinig discipelen.

Veel mensen houden zich zelf voor de gek, en zoals de Bijbel zegt zullen zij op een dag horen dat Jezus tegen hen zegt: "Ik ken jou niet. Ga weg van mij, werker der ongerechtigheid." Dit is een onaangename gedachte.

Wanneer de Bijbel keer op keer zegt dat we ervoor moeten zorgen dat we niet bedrogen worden, dan moeten we toegeven dat dat zeer belangrijk is. Deze boodschap zal ongetwijfeld als zeer radicaal worden bestempeld, maar dat komt omdat we zover van de waarheid zijn afgedwaald.

Het bedrog is zachtjes binnengeslopen waardoor we niet hebben gezien hoe ernstig het eigenlijk is. Vandaag de dag zijn vele Christenen niet op de hoogte dat ze eigenlijk niet leven volgens de Bijbel en dat Jezus hun Heer niet is. In plaats daarvan vergelijken zij zich met mensen om hen heen en wat de cultuur zegt over het zijn van een Christen. Op deze manier hebben vele mensen verondersteld dat Jezus wel hun Redder kan zijn, maar niet noodzakelijkerwijs hun Heer. Deze mogelijkheid is helaas uitgesloten.

Wilt u uzelf deze vragen stellen:

Ben ik inderdaad een discipel van Jezus?
Is Hij inderdaad mijn Heer of leef ik nog steeds voor mezelf?

Als u zich realiseert dat u geen discipel bent van Jezus, dan moet u hier iets aan doen voordat het te laat is. Daarna moet u degenen waarschuwen die in hetzelfde bedrog als u leven. Ik hoop dat dit boek u zal helpen om het bedrog te openbaren zodat vele mensen Jezus tot hun Heer zullen maken en gered zullen worden. Moge de kerken het ware evangelie gaan prediken zoals het is, en niet zoals we het tot op heden hebben gedaan.

Ons hedendaagse evangelie kan genoeg "Christenen" creëren, maar slechts weinig zijn echte discipelen en slaven van Jezus, nu we op dat punt komen.

In het begin van het boek heb ik geschreven over de waarschuwing van Jezus dat mensen op een dag "Here, Here" tot Hem zullen zeggen en dat Hij zal antwoorden: "Ik heb je nooit gekend, ga weg van mij werker van ongerechtigheid."

Wanneer de Bijbel op sommige plaatsen zegt dat in de eindtijd de liefde van mensen zal bekoelen en dat velen zullen afvallen van het geloof, dan komt dat doordat zij luisteren naar verkeerd onderwijs.

Jezus gehoorzamen

Een van de grootste afgoden tegenwoordig is ons geld en materialisme. Vanwege het materialisme hebben veel mensen geen tijd om God te dienen. Met andere woorden, zij kiezen ervoor om hun leven te spenderen aan werken en het verdienen van geld in plaats van het aan God te geven. De reden is niet dat er te weinig tijd is, maar juist het stellen van prioriteiten. Ieder mens heeft evenveel tijd, maar zij bevinden zich in verschillende situaties. Je kunt niet genieten van de wereld en zijn pleziertjes en tegelijkertijd God dienen. Het is of-of, zoals Jezus duidelijk zegt:

"Geen slaaf kan twee heren dienen, want hij zal of de ene haten en de andere liefhebben, of zich aan de ene hechten en de andere minachten; gij kunt niet God dienen en Mammon." (Lukas 16:13)

Hier wordt het woord "doulos" weer gebruikt en het wordt hier correct vertaald als "slaaf". Geen enkele slaaf kan twee heren dienen. Het is van zichzelf onmogelijk dus zullen we moeten kiezen.

Ik hoop dat u begrijpt dat ik dit niet schrijf om u of anderen te veroordelen. Ik wil alleen duidelijk maken wat er geschreven is in de Bijbel, en dan zal de Heilige Geest komen om ons te overtuigen.

Zoals ik al eerder schreef geloof ik echter dat dit de reden is waarom zoveel mensen vandaag de dag niet hetzelfde leven zien zoals we dat lezen in de Bijbel. We hebben dit zeer belangrijke deel van het

Christendom verkeerd begrepen; namelijk hoe je een Christen kunt worden en wat het betekent om een Christen te zijn.

Wanneer de puzzels op de juiste plaats vallen zullen we gaan ervaren dat God vandaag dezelfde is als hij altijd al is geweest. Dan zal je vuur, kracht en gemeenschap met Hem ervaren, net zoals de eerste Christenen dat hadden. Het gaat erom dat wat de Bijbel zegt waar is en of Jezus werkelijk in ons is of dat we onszelf bedriegen.

> *"Stelt uzelf op de proef, of gij wel in het geloof zijt, onderzoekt uzelf. Of zijt gij niet zo zeker van uzelf, dat Jezus Christus in u is? Want anders zijt gij verwerpelijk."* (2 Korintiërs 13:5)

Ik zeg hier niet dat u nu alles uit uw handen moet laten vallen en de straat op moet rennen om Jezus te gehoorzamen vanuit pure angst. Het doel is niet dat we gehoorzamen, ook al lijkt het daar wel op, want als we gehoorzamen vanuit valse motieven, dan zal het ons ook geen goed doen. Dan ligt de focus op daden, iets dat we moeten doen om God te behagen, en dat is verkeerd. De kern is veel groter dan alleen daden—het is Christus die in ons leeft en wij in Hem; in Hem blijven en in Zijn woorden; de Heilige Geest toestaan om ons te laten zien wie we zijn in Hem en hoe we zouden moeten leven.

Het komt als leven vanuit ons binnenste en het gaat niet om dode werken.

Sommige mensen hebben mij gevraagd waarom ik niet gewoon mijn eigen leven leidt en of het niet moeilijk is om te doen wat God van me vraagt. Dit slaat echt nergens op omdat ze er helemaal naast zitten. Mijn probleem is niet het gehoorzamen aan wat God tegen mij zegt. Wanneer Hij mij vraagt om iets te doen dat weet ik dat het goed zal worden omdat Hij altijd bij mij is. Als Hij mij iets vraagt—vanuit het Woord of rechtstreeks—of ik iets wil doen, dan denk ik "Geweldig, dit gaat mooi worden."

Ik zal u een klein voorbeeld geven. In januari 2009 was ik 40 dagen aan het vasten in verband met het schrijven van dit boek en het luisteren naar God over het zijn van een discipel. Op de 39e dag van mijn vasten gebeurde er iets bijzonders. Ik was een gebedswandeling aan het maken toen God ineens heel duidelijk tegen me zei: "Ga naar

Nakskov (een klein dorpje in het zuiden van Denemarken)!" Ik was zeer opgewonden en rende naar huis om het tegen mijn vrouw te vertellen. Terwijl ik het haar vertelde was ik aan het huilen vanwege de sterke ervaring dat God zo duidelijk tot mij sprak.

Er is werkelijk niets mooier dan Hem te horen spreken. Daarom zijn we de volgende dag met het hele gezin afgereisd naar Nakskov om daar een paar dagen door te brengen met vrienden.

Tijdens die dagen was God echt aan het werk in ons. Op zondag mocht ik prediken in een kerk waar ik voor iemand mocht bidden met een pijnlijke knie. Na het gebed was hij weer in staat om de trap op en af te lopen zonder dat de knie knarste. Na de samenkomst kwam hij op mij af. Enthousiast vroeg hij aan mij: "wanneer was het precies dat God je vertelde dat je naar Nakskov moest gaan?"

Ik antwoordde dat het donderdag ochtend was. Hij zei "wow" en hij vertelde dat hij op maandag, dinsdag en woensdag op onze website was geweest en bad tot God, "kunt u Torben Søndergaard naar Nakskov sturen zodat hij voor mij kan bidden en ik genezen wordt?"

Dat was een machtige ervaring, zowel voor hem als voor ons. Om te bedenken dat hij God gedurende drie dagen had gevraagd om mij naar Nakskov te sturen, waarna God heel duidelijk tot mij gesproken had. Die ervaring heeft ons behoorlijk aan het denken gezet.

Toen we een paar dagen later thuis kwamen vanuit Nakskov konden we zien dat er iets in ons was gebeurd.

Wanneer je zo iets mooi meemaakt wil je alleen maar meer. Je wilt dan doen wat Jezus je vraagt omdat je weet dat Hij controle heeft over je leven als je Hem gehoorzaamt.

Soms kunnen we het niet direct zien, maar het gehoorzamen van Hem is het beste wat we kunnen doen in dit leven. Hij houdt van ons en we zijn Hem dat verschuldigd. Gehoorzaamheid is geen probleem als je overweldigd bent door Hem. Het voelt ook niet als een offer, maar eerder als verliefd zijn. Het begint niet met het doen van een heleboel dingen, maar juist met het zitten aan Zijn voeten en Hem leren kennen zoals Hij is. Het betekent dat we Hem vasthouden en verliefd op Hem worden. Daarna kunnen we beginnen te doen wat we zouden moeten doen omdat het dan als leven vanuit ons komt.

Als u ervaart dat het alleen maar om daden gaat, neem dan nu een pauze, leg het boek opzij en ga Jezus zoeken. Het zijn van een Christen betekent een leven als Christen en niet een leven van alleen maar daden of zware lasten.

Wat een geweldige Heer

Wanneer we praten over het zijn van een slaaf van Jezus Christus ontstaat er direct een probleem vanwege de negatieve betekenis dat het woord heeft vandaag de dag. Als je het woord "slaaf" noemt dan denken vele mensen aan de slavernij in de Verenigde Staten dat tot het eind van de 19ᵉ eeuw van toepassing was of aan Zuid Europa waar miljoenen zwarte Afrikanen naar toe werden gevoerd.

Voor ons heeft slavernij het beeld van onderdrukking en dat is waarschijnlijk waarom Bijbel vertalers hebben besloten om het woord "doulos" te vertalen als "dienaar" in plaats van "slaaf". Het zijn van een slaaf hoeft echter niet negatief te zijn. Het hangt er van af wiens slaaf u bent en hoe uw meester is. Als de slaven eigenaar slecht is dan is het vreselijk om een slaaf te zijn, maar als de meester goed is, dan kan het zijn van een slaaf geweldig en bevrijdend zijn.

Toen de slaven in Amerika hun vrijheid kregen door de burgeroorlog in de jaren 1861-1865 besloten velen van hen om bij hun meesters te blijven in plaats van vrij te zijn. Zij beschouwden het zijn van een slaaf niet als negatief in de plaatsen waar zij dienden.

Velen beschouwden zichzelf als een vrij mens en niet als een slaaf. Zij hielden zoveel van hun meesters dat zij hen met hun hele hart wilden blijven dienen en daarom bleven ze. Zij waren goed behandeld en wilden iets terugdoen. Als slaven in die tijd een dergelijke relatie met hun aardse meesters konden hebben, hoeveel te meer zouden wij die dan moeten hebben met Christus?

De Bijbel zegt heel duidelijk dat wij mensen in wezen slecht zijn en dat er maar één persoon is die altijd goed is: God. Als je als slaaf van een mens, die in wezen slecht is, zo kunt genieten, hoeveel te meer zouden we moeten genieten als we slaven van Christus zijn.

Het zijn van een slaaf van Christus is geenszins een vreselijk leven, maar een leven waarin we Hem alle eer kunnen geven door Hem te dienen en waar we met heel ons hart hem willen behagen en Zijn goedheid willen beantwoorden, ook al kunnen niet in de buurt komen van de prijs die Hij voor ons betaalde.

In 1 Korintiërs hoofdstuk 6 praat Paulus over het huwelijk en hoererij en aan het eind gebruikt hij een paar ernstige woorden.

"Vliedt de hoererij. Elke andere zonde, die een mens doet, gaat buiten zijn eigen lichaam om. Maar door hoererij bezondigt men zich aan zijn eigen lichaam. Of weet gij niet, dat uw lichaam een tempel is van de Heilige Geest, die in u woont, die gij van God ontvangen hebt, en dat gij niet van uzelf zijt? Want gij zijt gekocht en betaald. Verheerlijkt dan God met uw lichaam." (1 Korintiërs 6-18-20)

De waarheid is dat wij als Christenen, discipel of slaaf—noem het zoals u wilt—niet meer van onszelf zijn. We zijn gekocht met een hoge prijs en behoren nu toe aan iemand anders; Jezus Christus. Toen Hij stierf aan het kruis betaalde Hij voor u en voor mij met zijn bloed en daarom is Hij nu onze eigenaar. Hij is onze Heer omdat dit is wat eigendom betekent. U geeft uw leven volkomen vrijwillig aan Hem over.

Echter, voordat Jezus ons kocht waren we ook niet vrij en waren we ook niet van onszelf. Eigenlijk zijn we nooit vrij geweest Zoals de Romeinen brief op vele plaatsen benadrukt waren we vroeger slaven van de zonde en van deze wereld. Het betekent dat we vroeger eigendom waren van de zonde en van de god van deze wereld, namelijk satan. Dat is het leven waarvan we bevrijd zijn.

In de eerste brief van Johannes gebruikt hij de uitdrukkingen. "kinderen van de duivel" en "kinderen van God". Het verschil tussen de een en het ander kan worden gezien uit je manier van leven en wiens slaaf je bent. Mensen die zich niet bekeerd hebben en daarom nog steeds leven als slaven van de zonde en hun zondige begeerten volgen worden kinderen van de duivel genoemd omdat zij toebehoren aan hem, zelfs al gaan ze naar de kerk en noemen ze zichzelf Christen.

Wanneer u zich echter bekeert vanuit uw hart, Jezus aanneemt als uw Heer en Hem voor u laat betalen, dan behoort u niet langer tot de zonde—in tegendeel, u wordt een slaaf van Jezus en van rechtvaardigheid. Onze verwantschap wordt duidelijk door onze levensstijl. Of je bent een slaaf van de zonde welke leidt tot de dood, of je bent een slaaf van de gerechtigheid die leidt tot het eeuwig leven.

"Kinderkens, laat niemand u misleiden. Wie de rechtvaardigheid doet, is rechtvaardig, gelijk Hij rechtvaardig is; wie de zonde doet is uit de duivel, want de duivel zondigt van den beginne. Hiertoe is de Zoon van God geopenbaard, opdat Hij de werken des duivels verbreken zou. Een ieder, die uit God geboren is, doet geen zonde; want het zaad Gods blijft in hem en hij kan niet zondigen, want hij is uit God geboren. Hieraan zijn de kinderen Gods en de kinderen des duivels kenbaar: een ieder, die de rechtvaardigheid niet doet, is niet uit God, evenmin als wie zijn broeder niet liefheeft." (1 Johannes 3:7-10)

Dit betekent echter niet dat we voorheen vrij waren en aan onszelf toebehoorden, en toen we Christen werden dat we gebonden werden en aan iemand anders gingen toebehoren. Het betekent echter ook niet dat we vroeger gebonden waren, en toen we Christenen werden dat we verlost werden zodat we nu kunnen doen wat we zelf willen.

Het is inderdaad waar dat wij Christenen bevrijd zijn van de slavernij van de zonde en van deze wereld, maar niet met de bedoeling dat we ons eigen leven kunnen leven.

Wij behoren nu toe aan Hem. Als Christen zijn we vrij van de zonde en vrij om te zeggen: "Heer, wat is Uw doel voor mijn leven?" We zijn vrijgezet om Jezus te dienen als onze Heer en om Zijn wil te doen.

Ik wil u herinneren dat het verlangen om Jezus te dienen van binnenuit komt wanneer we wedergeboren worden. Onze wedergeboorte zorgt ervoor dat het dienen van Hem geen zware last is, want in Christus hebben we de kracht om "nee" te zeggen tegen deze wereld en "ja" tegen Hem.

> *"Zijn goddelijke kracht immers heeft ons met alles, wat tot leven en godsvrucht strekt, begiftigd door de kennis van Hem, die ons geroepen heeft door zijn heerlijkheid en macht."* (2 Petrus 1:3)

De vraag is daarom niet of we vrij willen zijn of gebonden, de vraag is eerder aan wie we gebonden willen zijn. Bij wie willen wij horen en wie willen wij gehoorzamen: zonde, dat leidt tot de dood, of rechtvaardigheid, dat leidt tot eeuwig leven?

Daarom is de kern van het Christen leven—zoals we kunnen lezen in 1 Korintiërs—dat we God eren met onze lichamen omdat we nu aan Hem toebehoren.

In Romeinen 6 schrijft Paulus over het zijn van een slaaf van de zonde. Het woord in de originele grondtekst is nog steeds "doulos".

> *"Dit weten wij immers, dat onze oude mens mede gekruisigd is, opdat aan het lichaam der zonde zijn kracht zou ontnomen worden en wij niet langer slaven der zonde zouden zijn; want wie gestorven is, is rechtens vrij van de zonde."* (Romeinen 6:6-7)

> *En, vrijgemaakt van de zonde, zijt gij in dienst gekomen van de gerechtigheid. Ik zeg dit van menselijk standpunt om de zwakheid van uw vlees. Want gelijk gij uw leden gesteld hebt ten dienste van de onreinheid en van de wetteloosheid tot wetteloosheid, zo stelt nu uw leden ten dienste van de gerechtigheid tot heiliging. Want toen gij slaven waart der zonde, waart gij vrij van de gerechtigheid. Wat voor vrucht hadt gij toen? Dingen, waarover gij u nu schaamt; immers, het einde daarvan is de dood. Maar thans, vrijgemaakt van de zonde en in de dienst van God gekomen, hebt gij tot vrucht uw heiliging en als einde het eeuwige leven. Want het loon, dat de zonde geeft, is de dood, maar de genade, die God schenkt, is het eeuwige leven in Christus Jezus, onze Here."* (Romeinen 6:18-23)

Voordat Jezus ons redde waren we slaven van de zonde. Maar aan het kruis redde Jezus ons met Zijn bloed zodat we niet langer toegeven aan de zonde, maar aan rechtvaardigheid. Dat is wat er gebeurt als we gered worden en ons laten dopen. We worden vrijgezet uit de slavernij van de zonde en worden in de plaats daarvan slaven van Christus. Dit leven is compleet anders dan het leven dat we daarvoor leefden.

De doop om eigendom
te worden van Christus

Als je Christen bent dan betekent dat, dat je een discipel en een slaaf van Christus bent. Een belangrijk onderdeel in het worden van een discipel is de doop in water. We gaan daar nu naar kijken.

De waterdoop is het eerste dat Jezus noemt in de Grote Opdracht, maar wij hebben de betekenis hiervan verkeerd begrepen in de hedendaagse wereld. De waterdoop is een overgang van de ene staat naar de andere. Je wordt begraven met Christus en staat op in een nieuw leven, waar je voortaan toebehoort aan Christus.

De waterdoop is werkelijk zo belangrijk dat je nergens in het Nieuwe Testament kunt vinden dat niemand die tot geloof kwam niet onmiddellijk werd gedoopt. Je komt dit patroon steeds weer tegen, al was het nu midden in de nacht met de gevangenbewaarder en zijn familie in Handelingen 16, of bij de drieduizend mensen die op hetzelfde moment tot geloof kwamen na de preek van Petrus met Pinksteren.

De Ethiopische eunuch die het evangelie hoorde via Filippus werd ook direct gedoopt in water. Toen Filippus het evangelie predikte tot hem in Handelingen 8 kunnen we niet lezen wat hij nu precies vertelde, maar we kunnen hier wel uit opmaken dat hij op een of andere manier vertelde over de waterdoop, als onderdeel van redding door Christus.

Het blijkt ook duidelijk uit de reactie van de eunuch op de prediking:

"Zie, daar is water; wat is ertegen, dat ik gedoopt word?"
(Handelingen 8:36)

De waterdoop is een zeer belangrijk onderdeel van het zijn van een discipel. Sommigen zullen daar tegen in gaan door te zeggen: "Hoe zit het dan met de dief aan het kruis? Hij was toch ook niet gedoopt, is hij dan werkelijk gered?" Het antwoord is: "nee, hij was niet gedoopt, maar je moet niet vergeten dat het nieuwe verbond (het Nieuwe Testament) pas van kracht werd vanaf het kruis. De dief kon nog niet worden gedoopt in de naam van Jezus omdat de dood een beeld is van de dood en opstanding van Jezus. En Jezus hing nog steeds naast hem, nog levend, dus de doop was op dat moment nog niet geïntroduceerd. Na het kruis zien we echter dat iedereen die tot geloof kwam direct werd gedoopt. De waterdoop in het Nieuwe Testament is daarom een introductie naar het leven met Christus.

Vandaag de dag worden mensen gedoopt "in de naam van de Vader, de Zoon en de Heilige Geest", wat we te danken hebben aan een verkeerde vertaling in de meeste Bijbels. Een betere vertaling als het gaat om de waterdoop in de Grote Opdracht, is dopen "in" in plaats van "in de naam van", zoals het bijvoorbeeld staat in de ASV vertaling.

Je wordt niet gedoopt in de naam van de Vader, de Zoon en de Heilige Geest, maar "in" de Vader, de Zoon en de Heilige Geest. Met andere woorden, je wordt gedoopt in water om toe te behoren aan de Vader, de Zoon en de Heilige Geest. In de waterdoop geef je jezelf weg om eigendom te worden van iemand anders, in dit geval God als drie-eenheid, omdat we worden gedoopt in Hem.

Onderstaand volgt het commentaar van Matthew Henry:

"We worden gedoopt, niet in de namen, maar in de naam van de Vader, Zoon en Heilige Geest, wat duidelijk aangeeft dat deze drie één zijn, en hun naam is één. Onze goedkeuring geven we aan een verbondsrelatie met God, de Vader, de Zoon en de Heilige Geest. De doop is een sacrament, dat betekent: een eed; super sacramentum dicere betekent een eed opzeggen. Het is een eed van verloochening, waarin we de wereld en het vlees afzweren, als concurrent van God

als het gaat om de troon van ons hart; en het is een eed van trouw, waarin wij afstand doen van onszelf en onszelf overgeven aan God, om van Hem te zijn, om onszelf in zijn geheel, geest, ziel en lichaam, te laten besturen door Zijn wil, en om gelukkig te zijn in zijn gunst; wij worden zijn mensen, zodat alle eer aan Hem toekomt."

De waterdoop is iets wat gemakkelijk verkeerd kan worden begrepen omdat het in onze cultuur anders wordt geïnterpreteerd dan in de cultuur van de joden. We zien in het Woord van God en in het model in Handelingen dat de waterdoop noodzakelijk is om een discipel van Christus te worden.

De doop in de Heilige Geest

Net zoals de waterdoop noodzakelijk is om een discipel van Jezus te worden, is de doop in de Heilige Geest belangrijk voor ons om in staat te kunnen zijn om te leven als discipelen. Het onderwerp heeft, net als de waterdoop, in diverse kerkkringen geleid tot twist en ruzie. Het probleem dat steeds weer de kop opsteekt is, zoals ik in het begin van het boek schreef, dat we onszelf vergelijken met onze kerkcultuur en de mensen om ons heen, in plaats van met wat de Bijbel zegt. Als u of ik de enige Christenen op aarde waren, en we hadden niets anders dan de Bijbel om onszelf mee te vergelijken, dan zou de kwestie van de doop in de Heilige Geest een simpel en natuurlijk onderdeel zijn van het Christen zijn.

Wanneer ik zeg dat we onszelf moeten vergelijken met de Bijbel, dan bedoel ik dat we de Bijbel moeten lezen zoals het er staat en niet luisteren naar lange en moeilijke verklaringen die voortkomen uit theologische studies. We zouden niet moeten luisteren naar mensen die proberen om het Christendom te beroven van zijn leven en kracht. Als we de Bijbel lezen zoals het er staat, zonder onze "culturele bril" en moeilijke theologische verklaringen, dan worden dingen zoals de waterdoop en de doop in de Heilige Geest gemakkelijk te begrijpen.

Net zoals bij de waterdoop zien we ook een duidelijk patroon terugkomen in het boek Handelingen als het gaat om de doop in de

Heilige Geest. Dit patroon toont ons in de eerste plaats duidelijk dat de doop in de Heilige Geest belangrijk voor ons is om te kunnen leven als een discipel van Jezus. In de tweede plaats is deze doop beschikbaar voor alle gelovigen en niet alleen voor een handjevol uitverkorenen. In de derde plaats zien we dat de doop in de Heilige Geest zichtbaar is – andere mensen kunnen het zien als de Heilige Geest op een persoon komt. Je zal niet kunnen twijfelen, sterker nog, er zullen vele dingen met je gebeuren als je gedoopt wordt in de Heilige Geest. Ten vierde zien we dat de doop in de Heilige Geest in de meeste gevallen komt doordat anderen, die de Heilige Geest hebben, hun handen op jou leggen. We zullen hier eens naar gaan kijken.

Er zijn sommige Christenen vandaag de dag die de doop in de Heilige Geest verkeerd begrepen hebben en die denken dat het hetzelfde is als de waterdoop. Velen geloven bovendien dat Pinksteren in Handelingen 2 het moment was waarop de Christenen werden gered en de Heilige Geest voor de eerste keer ontvingen. Dit is echter niet zo. We kunnen lezen dat direct na de opstanding van Jezus, en de introductie van het nieuwe verbond, Jezus op bezoek kwam bij zijn discipelen. Er staat dat Hij:

"... blies op hen en zeide tot hen: Ontvangt de heilige Geest." (Johannes 20:22)

We lezen hier dat zij de Heilige Geest ontvingen, oftewel ze werden gered, zoals wij het ook zijn. Niettemin zei Jezus tegen hen die de Heilige Geest hadden ontvangen dat ze moesten wachten in Jeruzalem totdat ze gedoopt zouden worden in de Heilige Geest, ook al waren ze al gered en hadden ze de Heilige Geest al in zich. Hier maken vele mensen een fout door te geloven dat redding door de Heilige Geest hetzelfde is als de doop in de Geest. Dit klopt echter niet en het is niet het patroon wat we zien in de Bijbel.

Jezus heeft Zijn discipelen, degenen die de Heilige Geest al in zich hadden, opgedragen:

"... maar te blijven wachten op de belofte van de Vader, die gij (zeide Hij) van Mij gehoord hebt. Want Johannes doopte met water, maar

gij zult met de heilige Geest gedoopt worden, niet vele dagen na deze.
... maar gij zult kracht ontvangen, wanneer de heilige Geest over u
komt, en gij zult mijn getuigen zijn te Jeruzalem en in geheel Judea
en Samaria en tot het uiterste der aarde." (Handelingen 1:4-5, 8)

De doop in de heilige Geest is daarom een belangrijk onderdeel van het zijn van een Christen, net zoals de waterdoop belangrijk is om een Christen te worden. Wanneer je praat over het worden van een Christen dan zie je steeds dezelfde drie dingen naar voren komen: bekering voor het aangezicht van God, de doop in water en de doop in de Heilige Geest.

Soms komt de waterdoop als eerste en worden mensen daarna gedoopt in de Heilige Geest. In andere gevallen worden mensen eerst gedoopt in de Heilige Geest en daarna pas in water.

Een paar voorbeelden:

"Terwijl Petrus deze woorden nog sprak, viel de heilige Geest op allen,
die het woord hoorden. En al de gelovigen uit de besnijdenis, die met
Petrus waren meegekomen, stonden verbaasd, dat de gave van de
heilige Geest ook over de heidenen was uitgestort, want zij hoorden
hen spreken in tongen en God grootmaken. Toen merkte Petrus op:
Zou iemand het water kunnen weren, om dezen te dopen, die evenals
wij de heilige Geest hebben ontvangen? En hij beval hen te dopen in
de naam van Jezus Christus." (Handelingen 10:44-48)

Hier praat Petrus tegen Cornelius en zijn familie. In deze verzen kunnen we duidelijk lezen dat zij eerst werden gedoopt in de Heilige Geest en daarna in water. Dit laat duidelijk zien dat de waterdoop en de doop in de Heilige Geest twee verschillende dingen zijn.

We lezen hier ook, net zoals in andere plaatsen in de Bijbel, dat de Heilige Geest neerdaalde op iedereen. De doop in de Heilige Geest is niet alleen voor een handjevol uitverkoren Christenen.

In het begin van hoofdstuk 19 in Handelingen is Paulus in Efeze. Daar ontmoette hij sommige Christenen die nog nooit gehoord hadden van een doop in de Heilige Geest of een doop in water zoals die door Jezus waren ingesteld. Zij waren alleen gedoopt op de manier van Johannes de doper, namelijk de doop van bekering in water.

Wat zei Johannes de doper tegen de mensen die hij doopte?

"Ik doop u met water tot bekering, maar Hij, die na mij komt, is sterker dan ik; ik ben niet waardig Hem zijn schoenen na te dragen; die zal u dopen met de heilige Geest en met vuur." (Mattheüs 3:11)

Later lezen we dat Paulus een bezoek brengt aan Efeze:

"En terwijl Apollos te Korinte was, geschiedde het, dat Paulus, na door de bovenlanden gereisd te zijn, te Efeze kwam, en daar enige discipelen vond. En hij zeide tot hen: Hebt gij de heilige Geest ontvangen, toen gij tot het geloof kwam? Doch zij zeiden tot hem: Wij hebben zelfs niet gehoord, dat er een heilige Geest is. En hij zeide tot hen: Waarin zijt gij dan gedoopt? En zij zeiden: In de doop van Johannes. Maar Paulus zeide: Johannes doopte een doop van bekering en zeide tot het volk, dat zij moesten geloven in Hem, die na hem kwam, dat is in Jezus. En toen zij dit hoorden, lieten zij zich dopen in de naam van de Here Jezus. En toen Paulus hun de handen oplegde, kwam de heilige Geest over hen, en zij spraken in tongen en profeteerden. En het waren in het geheel ongeveer twaalf mannen." (Handelingen 19:1-7)

Wanneer je dit verslag leest en het antwoord dat Paulus kreeg dan zou je haast denken dat hij aan het evangeliseren was onder Christenen vandaag de dag:

"Wij hebben zelfs niet gehoord, dat er een heilige Geest is." (Handelingen 19:2)

Het concept van de Heilige Geest en de doop in de Heilige Geest is iets dat onderdrukt is en dit zou een van de redenen kunnen zijn waarom we in zoveel plaatsen in deze tijd niet hetzelfde leven en dezelfde kracht zien waar we over lezen in de tijd van Handelingen. In deze tekst kunnen we ook zien dat de waterdoop van Jezus en de doop met de Heilige Geest twee verschillende dingen zijn.

Hier werden zij eerst gedoopt in water en daarna in de Heilige Geest toen Paulus hen de handen oplegde. Ook hier zien we dat zij allen begonnen te spreken in tongen en profeteerden, net zoals het gebeurde bij Cornelius en zijn familie.

Ik heb persoonlijk voor vele mensen gebeden voor de doop in de

Heilige Geest. Hoe weet ik dat? Zoals we kunnen lezen in de verslagen uit het boek Handelingen zien we ook vandaag de dag dat mensen in tongen gaan spreken, profeteren of God prijzen. Ik zie zelf ook daarna significante transformatie in hun levens.

Vele mensen beginnen ook onmiddellijk te bewegen in de kracht van de Heilige Geest. Zij starten, bijvoorbeeld, met het genezen van de zieken en het uitdrijven van demonen, terwijl ze tegelijkertijd het evangelie prediken met een vrijmoedigheid die ze vroeger niet hadden.

Alles wat we lezen in Handelingen zien we vandaag de dag ook. Het is gemakkelijk te zien wanneer mensen gedoopt worden in de Heilige Geest, net zoals in de tijd van Handelingen, zie ook hoofdstuk 8:

"Toen legden zij hun de handen op en zij ontvingen de heilige Geest. En toen Simon zag, dat door de handoplegging der apostelen de Geest werd gegeven." (Handelingen 8:17-18)

Het was voor Simon gemakkelijk te zien dat de mensen om hem heen werden gedoopt in de Heilige Geest, maar wat zag hij nou eigenlijk? Er staat daar niet geschreven dat zij in tongen spraken of profeteerden, maar omdat Simon het resultaat zag, mogen we geloven dat dat inderdaad het geval was.

Wanneer ik het heb over het spreken in tongen in relatie tot de doop in de Heilige Geest, dan bedoel ik het spreken dat beschikbaar is voor iedereen, en niet het spreken in tongen dat moet worden vertolkt of het soort waar we over lezen in Handelingen 2, welke zeer bijzonder was.

Veel mensen maken een fout omdat ze niet begrijpen dat de Bijbel duidelijk beschrijft dat er vele vormen zijn van het spreken in tongen. Wanneer zij in de Bijbel lezen dat niet iedereen in tongen kan spreken, dan geloven zij dat dit geldt voor alle vormen van het spreken in tongen, inclusief het persoonlijk spreken in tongen, maar dit klopt niet. We lezen dat dit juist geldt voor alle mensen die geloven:

"Als tekenen zullen deze dingen de gelovigen volgen: in mijn naam zullen zij boze geesten uitdrijven, in nieuwe tongen zullen zij spreken, slangen zullen zij opnemen, en zelfs indien zij iets dodelijks drinken, zal het hun geen schade doen; op zieken zullen zij de handen leggen en zij zullen genezen worden." (Markus 16:17-18)

Je zou ook kunnen zeggen dat deze tekenen degenen volgen die gedoopt zijn in de Heilige Geest.

We moeten goed begrijpen dat de doop in de Heilige Geest belangrijk is.

Daarom zei Jezus tegen zijn discipelen dat ze de stad niet mochten verlaten voordat zij gedoopt zouden worden in de Heilige Geest en kracht van omhoog zouden ontvangen. We kunnen lezen dat deze doop beschikbaar is voor iedereen en dat er altijd een zichtbaar teken is als mensen gedoopt worden. Soms worden mensen eerst in water gedoopt en daarna met de Heilige Geest, en andere keren is het precies omgekeerd. In de meeste gevallen wordt de Heilige Geest doorgegeven door het leggen van handen op mensen. Dit is vandaag de dag nog steeds hetzelfde. Als je gaat kijken naar de plaatsen waar kracht en leven ontbreken, dan kan je met zekerheid vaststellen dat de mensen daar niet zijn gedoopt in de Heilige Geest, want deze twee dingen gaan namelijk samen.

Ik wil graag eindigen met twee dingen die verbonden zijn aan de doop in de Heilige Geest.

In de eerste plaats is het waar dat op sommige plaatsen teveel de nadruk wordt gelegd op de Heilige Geest. Dit heeft geresulteerd in een verkeerde aanbidding van de Heilige Geest—een ongezonde aanbidding waar geen plaats meer is voor Jezus. Ik wil je herinneren aan het feit dat de belangrijkste taak van de Heilige Geest is dat hij ons wijst op Jezus en dit is ook wat we zouden moeten kunnen zien. Laat een verkeerde nadruk op sommige plaatsen ons echter niet denken dat de doop in de Heilige Geest niet meer nodig is voor ons om te leven als discipelen.

In de tweede plaats zijn er sommige Christenen die gedoopt zijn in de Heilige Geest, maar die niet spreken in tongen.

Dit komt doordat ze verkeerd onderwijs hebben gekregen dat heeft gezorgd voor angst van binnen, en het resultaat is dat ze niet in tongen durven spreken. Zij hebben de Heilige Geest al in zich en ze willen graag spreken in tongen, maar ze houden het terug als gevolg van angst. Wat deze mensen nodig hebben is dat ze gewoon vrijmoedig in tongen gaan spreken en wandelen in wat we lezen in de Bijbel.

Helaas is het satan gelukt om verwarring te zaaien rondom de doop in de Heilige Geest, net zoals hij ons heeft laten geloven dat de waterdoop onbelangrijk is. Hij weet dat als we als Christen gaan wandelen in wat God voor ons heeft, dat we dan gaan wandelen in grotere overwinningen.

Zowel de waterdoop als de doop in de Heilige Geest zijn zeer belangrijk als het gaat om het volgen van Jezus.

Openbaring en leven

En aantal jaar geleden, toen ik godsdienstles had op school, werd ons verteld dat het Christendom een religie is rondom de Bijbel. Het betekent dat het Christendom gebaseerd is op een geschrift, in tegenstelling tot kleinere religies die gebaseerd zijn op tradities.

Ik zou het zelf echter niet op deze manier beschrijven. In de eerste plaats houd ik niet van het woord "religie" om het leven met Christus te beschrijven. Dit houdt namelijk veel meer in dan religie.

In de tweede plaats zou ik het Christendom eerder een religie gebaseerd op openbaring willen noemen dan een religie gebaseerd op geschriften. Natuurlijk is het Christendom gebaseerd op de Bijbel, maar dit is meer dan alleen maar een geschrift gevuld met woorden – het zit vol met openbaring.

Wanneer Jezus zegt dat wij als zijn discipelen in het Woord moeten blijven en dat we dan de waarheid zullen kennen, die ons zal vrijmaken, dan praat hij over de geopenbaarde waarheid. We kunnen de waarheid horen en zeggen dat we het nu kennen. Echter, de waarheid moet eerst een openbaring voor ons worden voordat het ons vrij kan zetten en leven in ons kan creëren.

Dit principe geldt ook wanneer de Bijbel zegt dat we zijn verlost uit de slavernij van de zonde. Wanneer dit wordt geopenbaard aan ons, zal het een grote vrijheid creëren wanneer het gaat om zonde en onze relatie met Christus.

Veel mensen die naar de kerk gaan in deze tijd leven nog steeds als slaven van de zonde. In sommige gevallen komt dat omdat ze nog niet wedergeboren zijn. Zij hebben Jezus nooit echt Heer en Redder van hun leven gemaakt. Een andere reden is dat veel mensen nooit een openbaring hebben gehad. Zij hebben nooit een openbaring gehad van wat Jezus precies voor hen heeft gedaan aan het kruis. Ze hebben erover gehoord en begrepen het met hun verstand, maar het is nooit een openbaring en leven voor hen geworden.

Ik heb bijvoorbeeld veel Christenen horen zeggen dat het leven als Christen moeilijk is—er zijn zoveel dingen die je niet mag doen en zoveel dingen die je moet doen. Dit is echter niet de wijze waarop je je zou moeten voelen. Zoals ik al eerder heb gezegd, het Christen leven is iets dat natuurlijk vanuit ons binnenste zou moeten stromen. Deze uitlatingen laten dan ook het echte probleem zien, namelijk dat de persoon in kwestie geen openbaring en leven heeft gehad—of in sommige gevallen dat ze nog wederom geboren moeten worden.

Ik herinner me nog zo duidelijk hoe God mij redde. Ik ervoer direct een vrijheid die ik nooit eerder had gehad. Tot die tijd wist ik eigenlijk niet veel van de Bijbel, maar ik voelde me wel vrij om goede dingen te doen en God te dienen, wat op zich moeilijk te verklaren is en moeilijk te begrijpen voor andere mensen als je dit zelf nooit zo ervaren hebt. Echter, degene die dit ook meegemaakt hebben weten precies wat ik bedoel. Later in mijn wandel met God ontving ik grotere openbaring over mijn vrijheid in Christus met betrekking tot zonde, en toen werd ik nog meer vrij.

Als gevolg van een gebrek aan openbaring of het zich niet overgeven aan Jezus, ervaren vele mensen dat het moeilijk is om God te dienen, vooral als het gaat om zonde en het leven van een puur leven. Dit zien we helaas steeds meer onder Christenen vandaag de dag. De reden is dat we compromissen sluiten met het evangelie.

We starten bijvoorbeeld kerken, die vriendelijk zijn voor mensen die op zoek zijn, waar het evangelie niet zo duidelijk en radicaal wordt gepresenteerd als het daadwerkelijk is. We praatten vroeger over het sterven aan jezelf en deze wereld en het afleggen van je leven bij het kruis, maar vandaag de dag praten we over hoe je gelukkig kunt zijn hier en nu. Helaas is dit de focus in veel kerken vandaag de dag. We praten over hoe we gelukkig kunnen zijn en kunnen slagen in het leven, in plaats van over hoe we kunnen sterven aan onszelf zodat Christus door ons heen kan leven; over hoe goed en fantastisch wij zijn als mensen en over ons potentieel om gelukkig te zijn—niet over hoe miserabel en zondig we zijn van binnen, en dat we daarom alleen leven en rechtvaardigheid in Christus kunnen vinden.

Wanneer we op deze manier compromissen sluiten met het evangelie, dan brengt het geen vrijheid en redding, maar gebondenheid en uiteindelijk eeuwige ondergang.

In het begin klinkt het misschien niet zo aantrekkelijk, maar de echte vrijheid is in Christus en niet in het compromissen sluiten en een klein beetje van de wereld toelaten in je leven. Daarom heb je ook niets te winnen als je compromissen gaat sluiten met het evangelie.

Jezus betaalde een hoge prijs om ons allemaal vrij te kopen zodat Hij een gezuiverd en gehoorzaam volk zou hebben die Hem zou dienen met hun hele hart. Dit is mogelijk omdat Hij ons heeft vrijgekocht voor dat doel.

Gered worden of tot geloof komen is iets bovennatuurlijks, en dat mogen we nooit vergeten. Het is niet alleen het beginnen te geloven in God en naar de kerk gaan, maar het gaat om het wedergeboren worden vanuit God. Dit gebeurt niet door het nazeggen van een gebed van de pastor of door het opsteken van onze hand. Het gebeurt ook niet wanneer we een beetje water op ons voorhoofd krijgen of als we lid worden van een kerk.

Het gebeurt wanneer je inziet dat je een zondaar bent, je leven neerlegt voor Jezus en wanneer je Hem Heer en Redder van jouw leven maakt. Je moet wederom geboren worden zoals Jezus zei in hoofdstuk 3 van het evangelie van Johannes. Wanneer dit gebeurt, dan wordt je verlost en zal je ervaren dat er iets nieuws in jou is geboren. Je krijgt een honger naar het Woord, je blijft er bij en je gaat ervaren dat de Heilige

Geest het Woord aan je blijft openbaren zodat je steeds vrijer wordt.

Een tijdje terug zei een meisje tegen mij dat ze graag hetzelfde geloof in God wilde hebben als ik. Ze dacht namelijk dat het nep zou zijn als ze zou besluiten om te gaan geloven terwijl ze nog niet helemaal klaar was om haar leven te geven. Ik vertelde haar dat geloof niet was wat zij dacht dat het was. Geloof is niet iets menselijks, zoals we vaak geneigd zijn om te denken. We kunnen dit niet starten met onze redenatie. Geloof is bovennatuurlijk—het is iets dat God in ons stopt wanneer we ons tot Hem keren.

Wat anders kan er voor zorgen dat mensen er voor kiezen om in een brandend huis te blijven en te sterven in plaats van er voor kiezen om het geloof te verloochenen en daardoor te ontkomen aan het vuur? Dit is precies wat er gebeurt met Christenen in de vervolgde gebieden op de wereld.

Jaarlijks sterven er duizenden Christenen om hun geloof. Dit soort geloof is veel meer dan je kunt bedenken met je verstand of die je ontvangt als je naar de kerk gaat.

Niet zo lang geleden heeft ons gezin grote uitdagingen gehad waarbij Gods ingrijpen echt nodig was.

Deze uitdagingen zorgden ervoor dat ik onder druk stond en dat ik God als nooit tevoren moest zoeken. Er is een periode geweest waarin ik 6 tot 8 uur bad omdat ik niet in staat was om iets anders te doen. Op een donderdag avond, toen ik aan het wandelen en bidden was, ervoer ik een gewelddadige demonische aanval waardoor ik nog meer ging bidden en het Woord van God citeerde om deze aanval te laten verdwijnen. Ik had dat reeds eerder op dezelfde manier ervaren toen ik vlak voor een doorbraak stond.

De volgende dag, na de demonische aanval in de avonduren, voelde ik plotseling een groot bovennatuurlijk geloof op mij komen.

Ik werd plotseling gevuld met geloof zoals nooit tevoren. Het leek wel tastbaar en ik voelde mij in staat om zelfs de doden op te wekken, als die er op dat moment zouden zijn. Het is moeilijk uit te leggen, maar ik kon het geloof voelen en ik wist dat het antwoord op mijn gebeden zou komen. Ik wist dat niets onmogelijk was voor God. Ik ontving ook een grote innerlijke rust alsof ik het antwoord al ontvangen had voor onze situatie. Het was vreemd om die nacht te slapen. Ik werd ieder uur wakker, gevuld met geloof.

Hoewel de omstandigheden er nog steeds hopeloos uitzagen en ik wist dat ik een wonder nodig had voor maandag ochtend, was ik er zeker van dat God alles onder controle had. Op zaterdag ochtend zei ik tegen mijn vrouw Lene dat de oplossing die dag zou komen. Ik wist het gewoon zeker, niet omdat ik het zag, maar omdat ik het geloof van God had.

Een paar uur daarna kreeg ik een telefoontje van een vriend uit Wales. Hij was diezelfde nacht wakker gemaakt door God om vier uur en hij ontving een woord voor mij.

Dat woord veranderde alles en we zagen daardoor dat God tussenbeide kwam op het laatste moment.

Dit is slechts een voorbeeld van hoe echt geloof kan zijn.

Vele mensen gaan op zondag naar de kerk zonder dat ze een stabiel geloof hebben. Zij twijfelen nog steeds of alle dingen omtrent God wel goed zijn en of ze wel daadwerkelijk gered zijn.

Als we compromissen gaan sluiten met de duidelijkheid en de scherpte van het evangelie, zullen we niet het echte geloof en het leven gaan ervaren waar de Bijbel over spreekt. We zullen het leven van de eerste Christenen in Handelingen dan niet gaan ervaren. Zij konden niet stoppen met praten over wat ze allemaal hadden gezien en gehoord. Dat was het resultaat van het leven dat uit hun binnenste vloeide. Zij waren niet gevuld met dit leven, maar juist met het leven van de Heilige Geest.

"Wie in Mij gelooft, gelijk de Schrift zegt, stromen van levend water zullen uit zijn binnenste vloeien." (Johannes 7:38)

Je kunt een hoop mensen in onze kerken krijgen door een compromis te sluiten met de scherpte van het evangelie en dat is helaas wat we steeds vaker om ons heen zien vandaag de dag.

Vrijheid en leven kunnen alleen worden gevonden als je Jezus Heer van je leven maakt en als je in Hem en in Zijn Woord blijft. Deze komen door de openbaring die we krijgen wanneer we gevuld worden met Hem en Zijn Heilige Geest. Dit mogen we nooit vergeten.

Eerbetoon aan God— uw geestelijk dienstbetoon

We gaan nu eens kijken naar een woord dat vandaag de dag ook verkeerd wordt begrepen, namelijk "kerkdienst".
Wanneer we dit woord horen dan komen er verschillende gedachten en gevoelens in ons op, afhankelijk van of we naar een traditionele of evangelische kerk gaan. Er is echter iets dat beide groepen gemeenschappelijk hebben: ze doen iets dat plaatsvindt in een gebouw die ze "kerk" noemen dat bestaat uit liedjes en onderwijs.

De meeste Christenen zien kerkdiensten als iets zeer heiligs. Dat is de reden waarom ze op zondag, wanneer ze naar de kerk gaan, hun beste kleren aantrekken en zich op een bijzonder aardige manier gedragen.

Dit is min of meer hoe velen van ons zich een kerkdienst voorstellen. Als we de Bijbel en de kerkgeschiedenis bestuderen, dan ontdekken we iets totaal anders.

Het eerste kerk gebouw zoals wij die kennen werd niet eerder gebouwd dan de vierde eeuw na Christus. Gedurende de eerste 300 jaar na het ontstaan van de kerk vonden samenkomsten plaats in verschillende huizen, niet in een heilig kerkgebouw.

Het is eigenlijk niet zo belangrijk waar je samenkomt. Wat belangrijk is, is ons begrip van een kerkdienst. Veel mensen stellen zich een kerkdienst voor als iets dat wordt gehouden op een bepaalde plaats, op een bepaalde tijd, met een bepaald persoon (een priester of pastoor) die bepaalde dingen doet, maar deze perceptie is ver verwijderd van wat God van plan was.

We zeggen vandaag de dag dat we "naar een kerkdienst gaan" of dat we "in de kerk zijn". De waarheid is echter dat we zelf kerk "zijn" en de kerkdienst is ons dagelijks leven. De kerk bestaat niet uit dode stenen zoals de kerkgebouwen. Wat Jezus wil is een kerk die bestaat uit levende stenen, waar Hij zelf de hoeksteen is.

> *"En laat u ook zelf als levende stenen gebruiken voor de bouw van een geestelijk huis, om een heilig priesterschap te vormen, tot het brengen van geestelijke offers, die God welgevallig zijn door Jezus Christus."* (1 Petrus 2:5)

We zijn allemaal levende stenen die gebruikt worden om een geestelijk huis te bouwen, zoals het hier wordt verwoord. We zijn heilige priesters die geestelijke offers brengen. We zijn een tempel van de Heilige Geest. Het enige gebouw dat God vandaag de dag nodig heeft is u en ik. Als we dit gaan begrijpen, dan zal het leiden tot de vreze des Heren en respect voor Hem. Denk je eens in dat jij als Christen een tempel bent voor Gods Heilige Geest. Bedenk je eens dat God in jou woont door Zijn geest.

> *"Of weet gij niet, dat uw lichaam een tempel is van de Heilige Geest, die in u woont, die gij van God ontvangen hebt, en dat gij niet van uzelf zijt? Want gij zijt gekocht en betaald. Verheerlijkt dan God met uw lichaam."* (1 Korinthiërs 6:19-20)

We zijn niet meer van onszelf. God heeft ons gekocht zodat de Heilige Geest binnen kon komen en onze lichamen tot een heilige tempel kon maken. Hij is onze eigenaar en daarom moeten wij Hem eren met ons lichaam. Dit is onze geestelijke eredienst.

> *"Ik vermaan u dan, broeders, met beroep op de barmhartigheden Gods, dat gij uw lichamen stelt tot een levend, heilig en Gode welgevallig offer: dit is uw redelijke eredienst. En wordt niet gelijkvormig aan deze wereld, maar wordt hervormd door de vernieuwing van uw denken, opdat gij moogt erkennen wat de wil van God is, het goede, welgevallige en volkomene."* (Romeinen 12:1-2)

Onze lichamen stellen tot een heilig offer is onze geestelijke eredienst. Wij behoren heilig te zijn, net zoals God heilig is. Heilig zijn is ons doel, ook al is dit iets waar we niet vaak over spreken in de kerken vandaag de dag.

Een kerkdienst is eigenlijk niet dat je naar een gebouw gaat op een bepaalde tijd. Het is natuurlijk goed dat we samenkomen en we moeten dit ook blijven doen, maar de echte geestelijke kerkdienst is jezelf als een heilig offer aan God aanbieden. Wanneer we samenkomen in kerkdiensten is het doel niet om te luisteren naar een preek, maar om onszelf aan God te geven. Dit is niet iets dat we alleen moeten doen op zondag ochtend, maar het geldt ook op maandag, dinsdag, woensdag en de rest van de week.

> *"Legt dan af alle kwaadwilligheid, alle bedrog, huichelarij, afgunst en alle kwaadsprekerij, en verlangt als pasgeboren kinderen naar de redelijke, onvervalste melk, opdat gij daardoor moogt opwassen tot zaligheid, indien gij geproefd hebt, dat de Here goedertieren is. En komt tot Hem, de levende steen, door de mensen wel verworpen, maar bij God uitverkoren en kostbaar, en laat u ook zelf als levende stenen gebruiken voor de bouw van een geestelijk huis, om een heilig priesterschap te vormen, tot het brengen van geestelijke offers, die Gode welgevallig zijn door Jezus Christus. Daarom staat er in een schriftwoord: Zie, Ik leg in Sion een uitverkoren en kostbare hoeksteen, en wie op hem zijn geloof bouwt, zal niet beschaamd uitkomen."* (1 Petrus 2:1-6)

Echte Christenen zijn degenen die God dienen door zichzelf als een heilig offer aan God te geven. Dit is hun geestelijke kerkdienst. "We zijn gekocht met een hoge prijs", zegt Paulus in 1 Korinthiërs. We moeten toegeven dat dit klopt.

God betaalde een enorm hoge prijs voor ons, namelijk Jezus Christus aan het kruis. De prijs kon niet hoger zijn. We kunnen daarom op zijn minst God eren met ons leven omdat we Hem nu toebehoren. Paulus begreep dit en werkte echt hard om Jezus te plezieren.

> *"Daarom stellen wij er een eer in, hetzij thuis, hetzij in den vreemde, Hem welgevallig te zijn."* (2 Korinthiërs 5:9)

Dat was het doel in zijn leven. Hij begreep dat hij niet langer van zichzelf was, maar dat hij aan Jezus toebehoorde. Hij was overweldigd door Christus op zo'n geweldige manier dat hij wenste dat anderen dat ook zo zouden ervaren.

De manier waarop we God eren is door onszelf aan Hem over te geven. Het betekent dat we onze Heer Jezus Christus gehoorzamen, want door Jezus te eren, eren we God:

> *"Want ook de Vader oordeelt niemand, maar heeft het gehele oordeel aan de Zoon gegeven, opdat allen de Zoon eren gelijk zij de Vader eren. Wie de Zoon niet eert, eert ook de Vader niet, die Hem gezonden heeft."* (Johannes 5:22-23)

Het is niet genoeg dat we aan Christus toebehoren en dat we Hem eren. Hij zou ook ons leven moeten zijn. Wanneer we door Hem zijn gegrepen, dan vervaagt alles om ons heen. Dan is iedere prijs het waard om te betalen, zelfs al moeten we door bloed, zweet en tranen, wat ook een zekerheid is, omdat niemand het leven binnengaat zonder vervolging.

Helaas zijn er maar weinig mensen die Christus vastgrijpen. Voor hen zijn de woorden van Paulus maar lege woorden of iets dat veel te radicaal is.

> *"Want het leven is mij Christus en het sterven gewin. Indien ik in het vlees blijf leven, betekent dat voor mij werken met vrucht, en wat ik moet kiezen, weet ik niet. Van beide zijden word ik gedrongen: ik verlang heen te gaan en met Christus te zijn, want dit is verreweg het beste; maar nog in het vlees te blijven is nodiger om uwentwil. En in deze overtuiging weet ik, dat ik zal blijven en voortdurend bij u allen zijn, opdat gij verder moogt komen en u in het geloof verblijden. Dan zult gij ruimschoots reden hebben om over mij te roemen in Christus Jezus, wanneer ik weder bij u kom."* (Philippenzen 1:21-26)

Paulus zegt hier dat sterven gewin is en dat hij verlangt om heen te gaan om samen met Christus te zijn. Het enige dat hem hier op aarde houdt is de zorg voor anderen zodat zij Christus ook kunnen vastgrijpen.

Vele mensen zeggen vandaag de dag precies het tegenovergestelde van wat Paulus hier zegt: "Jezus, u moet niet nu al komen want ik geniet zoveel van mijn leven hier op aarde. Jezus, u moet nu niet komen want ik wil eerst trouwen, kinderen krijgen, reizen enz."

Vele Christenen willen niet dat hij terugkomt want voor hen telt alleen hun leven hier op aarde en er is nog zoveel wat ze willen bereiken hier op aarde. Dit in tegenstelling tot Paulus, die juist verlangde om naar huis te gaan bij Jezus.

Hier blijven op aarde was ook goed, maar niet omdat hij tijd wilde hebben om nog allerlei dingen voor zichzelf te bereiken. De enige reden die hem hier hield was om vrucht te dragen in het leven van anderen zodat zij Christus ook konden grijpen, net zoals hij dat had gedaan.

Paulus was dood voor deze wereld. Zijn leven was Christus. Zijn focus was Christus. Het was zijn verlangen om Christus te eren met zijn leven, wat er ook met hem zou gebeuren.

"Want ik weet, dat dit mij tot behoud zal strekken door uw gebed en de bijstand des Geestes van Jezus Christus, naar mijn vurig verlangen en hopen, dat ik in geen enkel opzicht beschaamd zal staan, maar dat met alle vrijmoedigheid, zoals steeds, ook nu Christus zal worden grootgemaakt in mijn lichaam, hetzij door mijn leven, hetzij door mijn dood. Want het leven is mij Christus en het sterven gewin." (Filippenzen 1:19-21)

Het doel van het ware Christendom is dat iedereen wordt gegrepen door Christus en dat we allemaal onze lichamen als een levend en heilig offer aanbieden als onze geestelijke eredienst. Daarom is er absoluut niets negatiefs aan het zijn van een slaaf van Christus.

Het is juist een eer als een man zoals Paulus gegrepen is door Hem. Al kost het ons alles, het maakt niet uit omdat we al met hem gekruisigd zijn en niet langer voor onszelf leven. Voor ons die gegrepen zijn door Christus is de dood gewoon een promotie omdat we dan niet langer van hem gescheiden zijn, zoals nu op aarde het geval is. Dan zullen we hem volkomen kennen, en dat is iets wat we niet volledig kunnen bereiken in dit leven.

Laat het niet alleen theorie voor ons zijn, als iets dat alleen Paulus in praktijk bracht. Laat het juist iets worden wat we allemaal zullen pakken.

Laat niet mijn wil,
maar Uw wil geschieden

Deze hele redevoering over het zijn van een slaaf, God eren met ons lichaam en gegrepen zijn door Christus zou wel eens vreemd kunnen klinken voor vele mensen vandaag de dag. Sommigen zullen denken dat dit veel te radicaal is en dat het andere mensen zal wegjagen van God, maar waarom zouden we ons daar zorgen om maken? Het is God die mensen redt en als iets waar is, dan zou het niet verborgen moeten worden, maar juist aan zoveel mogelijk moeten worden geopenbaard. Het is belangrijk om te leren dat we niet iedereen kunnen plezieren. Als slaven van Christus kunnen we geen mensen dienen en alles doen wat zij van ons verwachten. Paulus zegt het zo duidelijk:

> *"Tracht ik thans mensen te winnen, of God? Of zoek ik mensen te behagen? Indien ik nog mensen trachtte te behagen, zou ik geen dienstknecht van Christus zijn. Want ik maak u bekend, broeders, dat het evangelie, hetwelk door mij verkondigd is, niet is naar de mens. Want ik heb het ook niet van een mens ontvangen of geleerd, maar door openbaring van Jezus Christus."* (Galaten 1:10-12)

Het evangelie dat we prediken is geen werk van mensen, maar van Christus. We kunnen Zijn slaven niet zijn en tegelijkertijd leven naar onze eigen wensen en behoeften. Het is niet de taak van de meester om zijn slaaf te vragen wat hij wil bereiken in het leven en om alles in het werk te stellen dat zijn slaaf zal slagen. Nee, het is de taak van de slaaf om te zeggen: Heer, wat wilt u dat ik doe?

Het is erg radicaal om met deze bewering aan te komen, zeker in onze Westerse cultuur, waar bijna alles draait om ons en onze behoeften. Volgens het moderne Christendom is het juist God die ons moet dienen zodat wij kunnen slagen en niet andersom: "Geef je leven aan Hem, en Hij zal al je verlangens gaan vervullen. Hij kan je helpen om te slagen in het leven."

De waarheid is echter dat het niet gaat om u en mij, maar iemand die veel groter is dan ons, namelijk Christus. Heeft u ooit nagedacht over wat God heeft ontvangen in de laatste zondagdienst in plaats van dat we praten over wat wij eraan gehad hebben? Na de dienst zouden we moeten vragen: "God, was het een goede samenkomst? Ik hoop dat U onze aanbidding en ons offer mooi vond want we zijn hier vanwege U."

God is geen machine die verondersteld wordt om toe te geven aan al onze verlangens. Het is niet de meester die de slaaf dient, maar het is de slaaf die de meester dient. Dat betekent het namelijk als je Jezus tot "Heer" van je leven maakt. Wij zetten onze behoeften opzij om Hem te dienen.

Probeer deze radicale woorden van de Here Jezus zelf eens te lezen.

Zij worden zelden hardop voorgelezen omdat ze in strijd zijn met wat het Christendom vandaag de dag voorstelt:

> *"Wie van u zal tot zijn slaaf, die voor hem ploegt of het vee hoedt, als hij van het land thuiskomt zeggen: Kom terstond hier aan tafel? Zal hij niet veeleer tot hem zeggen: Maak mijn maaltijd gereed, schort uw kleren op en bedien mij, tot ik klaar ben met eten en drinken, en daarna kunt gij eten en drinken? Zal hij de slaaf soms danken, omdat hij deed wat hem bevolen was? Zo moet ook gij, nadat gij alles gedaan hebt wat u bevolen is zeggen: Wij zijn onnutte slaven; wij hebben slechts gedaan, wat wij moesten doen."* (Lukas 17:7-10)

Bedenk eens dat Jezus dit zou kunnen zeggen tegen zijn discipelen. Het is erg radicaal, maar hier gaat het wel om. De focus van een slaaf is gericht op één ding: het dienen van zijn meester. Onze taak is om Jezus Christus te dienen. Het gaat er daarom om dat niet onze wil geschiedt, maar die van Hem.

"Heer, wat wilt u dat ik doe?"

Dit is het natuurlijke leven voor degenen die door Hem gegrepen zijn. Het is geen zwaar juk. Zijn wil wordt ook die van ons wanneer we één met Hem zijn.

Het allermooiste dat ons kan overkomen na dit leven is als we de welbekende woorden uit hoofdstuk 25 van het evangelie van Mattheüs uit de mond van Jezus horen:

> *"Wel gedaan, gij goede en getrouwe slaaf, over weinig zijt gij getrouw geweest, over veel zal ik u stellen; ga in tot het feest van uw heer."* (Mattheüs 25:21)

We kunnen deze vreugde nu al ervaren als we Hem dienen. Ik heb dit vaak meegemaakt wanneer God mij vroeg om iets voor hem te doen.

In het begin ging ik door een enorme tegenstand en beproeving heen, maar daarna kwam er een grote tevredenheid en vreugde. In het begin is het moeilijk om te gehoorzamen, maar ik heb vaak meegemaakt dat Hij mij dankte voor mijn gehoorzaamheid. Dit is een van de mooiste dingen die je kan overkomen. Het is echt geweldig.

Ik herinner mij dat God een tijdje terug aan mij vroeg om een artikel te schrijven voor een Christelijk magazine over iets dat plaatsvond in de Verenigde Staten. Heel veel Christenen in Europa waren opgewonden over sommige samenkomsten daar en vlogen die kant op.

God liet me echter zien dat het hele gebeuren niet van Hem was en dat Hij wilde dat ik publiekelijk afstand nam van het gebeuren en mensen ervoor waarschuwde. Dit was op dat moment niet gemakkelijk omdat mensen alleen maar goede dingen erover hoorden.

Ik heb het artikel uiteindelijk toch geschreven wat God me had gevraagd en dat veroorzaakte natuurlijk heel veel problemen. Sommige mensen die ik kende belden mij op en zeiden dat ik mijn bediening nu wel kon beëindigen omdat ik inging tegen God etc.

Een week na mijn artikel waren er heel veel positieve artikelen over het gebeuren daar en was er veel negatieve kritiek op mij en wat ik had geschreven. Toen ik het artikel las ben ik gaan wandelen en bidden. Ik ervoer toen direct dat God tot me sprak en zei: "Goed gedaan mijn zoon. Je bent gehoorzaam geweest", en ik werd gevuld met vreugde en moest denken aan het vers waarin de eerste discipelen ook tegenstand ervoeren:

> "Zij dan gingen uit de Raad weg, verblijd, dat zij verwaardigd waren ter wille van de naam smadelijk behandeld te zijn." (Handelingen 5:41)

Wanneer je gehoorzaam bent en God is met je, dan kunnen mensen zeggen wat ze willen want wij gehoorzamen God en niet hen.

Kort na mijn artikel stortte alles daar in en werd het duidelijk dat wat ik gezegd had inderdaad waar was. Gehoorzaamheid aan Hem zal tegenstand oproepen, zelfs van de kerk, wat altijd het moeilijkste is.

De ervaring van hoe Hij zich verheugt over jouw offer is veel groter dan het offer dan je brengt. De woorden: "goed gedaan, goede en getrouwe slaaf" kunnen we meerdere keren in ons leven ervaren en hopelijk ook op de dag dat het er op aan komt. Het is mijn verlangen, en het zou het verlangen van alle Christenen moeten zijn, dat Hij op een dag zegt:

> "Wel gedaan, gij goede en getrouwe slaaf, over weinig zijt gij getrouw geweest, over veel zal ik u stellen; ga in tot het feest van uw heer." (Mattheüs 25:21)

Jakobus, de schrijver van het gelijknamige Bijbelboek, was een belangrijke leider in de kerk in Jeruzalem en een broer van Jezus. Niettemin, ondanks dat hij iets had om trots op te zijn, start hij zijn brief met de uitleg dat hij een slaaf van Christus is.

> "Jakobus, een dienstknecht van God en van de Here Jezus Christus." (Jakobus 1:1)

Hij zegt hier niet: "ik ben een leider in Jeruzalem en een broer van de Here Jezus Christus". Nee, hij wist wie hij was en waar het om draaide. Verder in zijn brief zegt hij iets waar we veel van kunnen leren:

> "Welaan dan, gij, die zegt: Vandaag of morgen gaan wij op reis naar die en die stad, wij zullen er een jaar doorbrengen, zaken doen en

winst maken; Gij, die niet (eens) weet, hoe morgen uw leven zijn zal!
Want gij zijt een damp, die voor een korte tijd verschijnt en daarna
verdwijnt; in plaats van te zeggen: Indien de Here wil, zullen wij leven
en dit of dat doen." (Jakobus 4:13-16)

Dit zijn grote woorden. We hebben zoveel plannen voor onszelf en
voor ons leven, maar we vergeten echter één ding – luisteren naar wat
de Heer wil dat we doen. Jezus zei dat we op deze wijze moesten
bidden:

"… uw Koninkrijk kome; uw wil geschiede, gelijk in de hemel alzo
ook op de aarde." (Mattheüs 6:10)

Dit zijn niet zo maar lege woorden die Jezus ons geeft in het onze
Vader. Nee, het zou ook ons gebed moeten zijn en het doel in ons leven
dat Zijn wil gedaan wordt. Dit is wat het betekent als je Jezus tot Heer
van je leven maakt.

De prijs van een Christen zijn

We hebben gekeken naar de verschillende aspecten van het worden en het zijn van een echte Christen. Nu is het tijd om de woorden van Jezus te lezen waarin hij vertelt wat het kost om Hem te volgen. Als we dit lezen, laten we dan goed beseffen dat het Jezus zelf is die praat over het wat het kost om Hem te volgen. Het geldt ook voor ons vandaag, of we ons nu Christen, discipel, slaaf of iets anders noemen.

Het gaat er niet om hoe we onszelf noemen, maar om de vraag of we in de roeping stappen die Jezus voor ons heeft – een roeping om Hem te volgen, een roeping om Hem tot Heer en Redder te maken van je leven.

Laten we eens een kijkje nemen wat Jezus precies onderwijst, maar eerst wil ik u een vraag stellen. Als Jezus iets zegt over wat het betekent om een Christen te zijn, en een ander persoon zegt iets anders, wie van de twee moeten we dan geloven? Wie vertelt de waarheid over het Christen zijn? Het antwoord is natuurlijk, Jezus.

Helaas denken we vandaag de dag niet altijd op deze manier. We zijn snel om andere mensen te citeren ook al zeggen ze iets anders dan Jezus. Als we ons leven willen bouwen op de rots dan kunnen we niet altijd bouwen op onze cultuur. We kunnen zelfs niet bouwen op wat grote Christelijke schrijvers zeggen als het niet hetzelfde is als wat Jezus zelf zegt.

Als we verondersteld worden om op de rots te bouwen en iets bouwen dat eeuwig stand houdt, dan moeten we gaan bouwen op de woorden van Jezus in de Bijbel en niets op iets anders. Probeer dit te onthouden wanneer je de volgende Bijbel passages leest. Onthoudt dat wat je gaat lezen echt waar is ook al is het iets heel anders dan wat anderen je in deze tijd vertellen.

Ik heb besloten om in de volgende Bijbel passages het woord "discipel" te vervangen door het woord "christen". De reden hiervoor is dat, ook al hebben we al gekeken naar deze woorden, de gedachte dat een "christen" en een "discipel" niet hetzelfde zijn nog diep verankerd is in ons.

> *"Hij zeide tot allen: Indien iemand achter Mij wil komen (Christen wordt), die verloochene zichzelf en neme dagelijks zijn kruis op en volge Mij. Want ieder, die zijn leven zal willen behouden, die zal het verliezen; maar ieder, die zijn leven verloren heeft om Mijnentwil, die zal het behouden. Want wat baat het een mens, als hij de gehele wereld wint, maar zichzelf verliest of zelf schade lijdt? Want ieder, die zich voor Mij en voor mijn woorden zal schamen, voor hem zal de Zoon des mensen Zich schamen, wanneer Hij komt in zijn Heerlijkheid en die van de Vader en de heilige engelen. Ik zeg u in waarheid, er zijn sommigen onder degenen die hier staan, welke voorzeker de dood niet zullen smaken, voordat zij het Koninkrijk Gods gezien hebben."* (Lukas 9:23-26)

Jezus is heel erg radicaal wanneer Hij spreekt over de kosten van het Christen zijn, en het is niet alleen in deze context:

"Een discipel staat niet boven zijn meester, of een slaaf boven zijn heer. Het is genoeg voor de discipel te worden als zijn meester, en voor de slaaf als zijn heer. Indien men aan de heer des huizes de naam Beëlzebul heeft gegeven, hoeveel te meer aan zijn huisgenoten!

Vreest hen dan niet, want er is niets bedekt, of het zal geopenbaard worden, en verborgen, of het zal bekend worden. Wat Ik u zeg in het donker, zegt het in het licht; wat gij u in het oor hoort fluisteren, predikt het van de daken. En weest niet bevreesd voor hen, die wel het lichaam doden, maar de ziel niet kunnen doden; weest veeleer bevreesd voor

Hem, die beide, ziel en lichaam, kan verderven in de hel.

Worden niet twee mussen te koop aangeboden voor een duit? En niet één daarvan zal ter aarde vallen zonder uw Vader. En de haren van uw hoofd zijn ook alle geteld. Weest dan niet bevreesd: gij gaat vele mussen te boven. Een ieder dan, die Mij belijden zal voor de mensen, hem zal ook Ik belijden voor mijn Vader, die in de hemelen is; maar al wie Mij verloochenen zal voor de mensen, die zal ook Ik verloochenen voor mijn Vader, die in de hemelen is.

"Meent niet, dat Ik gekomen ben om vrede te brengen op de aarde; Ik ben niet gekomen om vrede te brengen, maar het zwaard. Want Ik ben gekomen om tweedracht te brengen tussen een man en zijn vader en tussen een dochter en haar moeder en tussen een schoondochter en haar schoonmoeder; en iemands huisgenoten zullen zijn vijanden zijn.

Wie vader of moeder liefheeft boven Mij, is Mij niet waardig; en wie zoon of dochter liefheeft boven Mij, is Mij niet waardig; en wie zijn kruis niet opneemt en achter Mij gaat, is Mij niet waardig. Wie zijn leven vindt, zal het verliezen, maar wie zijn leven verliest om Mijnentwil, zal het vinden." (Mattheüs 10:24-39)

Nu gaan we naar Lukas, hoofdstuk 14:

"Vele scharen reisden met Hem mede, en Zich omkerende zeide Hij tot hen: Indien iemand tot Mij komt, en niet haat zijn vader en moeder en vrouw en kinderen en broeders en zusters, ja zelfs zijn eigen leven, die kan geen Christen zijn. Wie niet zijn kruis draagt en achter Mij komt, kan geen Christen zijn.

Want wie van u, die een toren wil bouwen, zet zich niet eerst neder om de kosten te berekenen, of hij het werk zal kunnen volbrengen? Anders zouden, als hij de fundering gemaakt had, en het werk niet kon voltooien, allen, die het zagen, beginnen hem te bespotten, zeggende: Die man begon te bouwen, maar hij kon het niet voltooien. Of, welke koning, die tegen een andere koning wil optrekken om met hem tot een treffen te komen, zet zich niet eerst neder om te beraadslagen, of hij in staat is met tienduizend man iemand te ontmoeten, die met twintigduizend tegen hem optrekt? En zo niet, dan zendt hij, als de ander nog veraf is, een gezantschap en vraagt om de vredesvoorwaarden. Zo zal dus niemand van u, die niet afstand doet van al wat hij heeft, een Christen kunnen zijn." (Lukas 14:25-33)

Wow! Dit zijn ernstige woorden die Jezus hier gebruikt. Helaas is Zijn boodschap zo anders dan wat we op vele plaatsen horen. Vandaag de dag is redding gelijk aan het geloven dat Jezus ooit heeft geleefd. Wanneer we dat doen, dan zijn we Christenen. Op sommige plaatsen is dit echter niet genoeg; daar moet je ook een gebed nabidden met iemand en dan ben je zeker gered.

Als je de Bijbel daarna niet volledig volgt dan ben je nog steeds een Christen, maar wel een lauwe Christen, een zwakke Christen of hoe je het ook wilt noemen. Een ding staat echter vast: u gaat naar de hemel wanneer u sterft want dit is wat de Bijbel zegt, toch?

Geeft Jezus hier aan dat het geen probleem is als je meer van anderen houdt dan van Hem?

Geeft de Bijbel aan dat het geen probleem is als je bewust in zonden leeft?

Zegt de Bijbel dat het geen probleem is als je een lauwe Christen bent en dat lauwe Christenen naar de hemel gaat?

Let eens goed op de laatste woorden die Jezus hier zei:

"Zo zal dus niemand van u, die niet afstand doet van al wat hij heeft, een Christen kunnen zijn." (Lukas 14:33)

Volgens Jezus kunnen we geen Christen zijn als we de prijs niet willen betalen, zelfs als het alles is wat we bezitten. Dit is wat Jezus toen zei en dit is wat Hij ook vandaag zegt. Wanneer hebben we dit voor het laatst gehoord in onze kerken? Het antwoord is: Nooit.

U zou misschien kunnen denken dat dit wel erg radicaal is, maar het is wel waar. De reden waarom we denken dat dit radicaal is – of zelfs misschien te radicaal – is waarschijnlijk omdat we zo ver afgedwaald zijn van het echte Christendom. Als we alle vier de evangeliën lezen dan zullen we duidelijk zien dat dit precies is wat Jezus zei, namelijk dat het je alles kost om Hem te volgen.

Als we gered willen worden dan moeten we Hem tot onze Heer

maken en dan worden we Zijn slaven. Aan onze eigen wensen, behoeften en dromen hebben we dan niets meer. Het is nu de wil van de Heer dat telt, want Hij heeft ons gekocht.

Vervolgingen en beproevingen

En van de dingen waar Jezus vaak over sprak was dat wij als Christenen vervolgingen en beproevingen zouden moeten verwachten. Hij zegt zelfs dat we ons leven kunnen verliezen als we Hem volgen. Wij Europeanen kunnen hier grote problemen mee hebben om dit te begrijpen omdat er vrijheid van religie in Europa is. Maar voor duizenden Christenen over de hele wereld is dit wel een realiteit.

Als wij dezelfde tegenstand en vervolging in Europa zouden hebben als in andere landen waar Christenen worden vervolgd, dan zou het Christendom in Europa er heel anders uit zien.

In de eerste plaats zou dat betekenen dat we duidelijk zouden kunnen zien wie echte Christenen zijn en wie zich alleen maar Christen noemen. Vele valse Christenen, degenen die nog steeds voor zichzelf leven, zouden namelijk niet meer naar de kerk komen. Zij zouden hun geloof verloochenen op het moment dat het hun een prijs gaat kosten die ze niet willen betalen. Ik stel me zo voor dat vele Europese kerken ineens heel klein zouden worden in een paar dagen tijd.

Het zou echter wel betekenen dat de overgeblevenen degenen zijn die Jezus echt tot hun Heer hebben gemaakt en bereid zijn om de prijs te betalen om Hem te volgen. De tegenstand zou er voor zorgen dat ze God ernstiger gaan zoeken, wat zou leiden tot echte groei en ontwikkeling. Dit is het patroon dat we over heel de wereld zien en ik geloof dat dit ook in Europa zou kunnen gebeuren.

Nu klinkt het net alsof ik zou willen dat er vervolging van kerken zou komen en dat moet ik inderdaad bekennen. Wij hebben vervolging nodig om niet in slaap te vallen. Tegelijkertijd zorgt het voor openbaring van het valse evangelie dat op vele plaatsen wordt verkondigd.

In de gelijkenis van de zaaier zegt Jezus dat beproeving en vervolging openbaart wat gezaaid is op steenachtige plaatsen en wat gezaaid is in goede aarde:

> *"De op steenachtige plaatsen gezaaide is hij, die het woord hoort en het terstond met blijdschap aanneemt; maar hij heeft geen wortel in zich, doch is iemand van het ogenblik; wanneer echter verdrukking of vervolging komt omwille van het woord, komt hij terstond ten val. De in de dorens gezaaide is hij, die het woord hoort, en de zorg van de wereld en het bedrog van de rijkdom verstikt het woord en hij wordt onvruchtbaar."* (Mattheüs 13:20-22)

In Europa is het erg moeilijk om te zien wie oprecht is en wie niet. Het is moeilijk onderscheid te maken tussen degenen die de prijs willen betalen en degenen die vermaakt willen worden.

Het is moeilijk voor ons omdat we onszelf laten bedriegen door aantallen en dingen aan de buitenkant, terwijl we de focus verliezen op echte toewijding en op wat werkelijk telt voor de eeuwigheid.

Laat me u uitleggen wat ik hiermee bedoel. Omdat we geen beproeving en vervolging meemaken vandaag de dag, lijkt het alsof het niets kost om een Christen te worden. Dat is de reden waarom we zo gemakkelijk compromissen sluiten aangaande het evangelie zonder dat we zien hoe gevaarlijk dat is. Vandaag de dag lijkt het alsof we een grotere groei kunnen bereiken door compromissen te sluiten aangaande de radicale boodschap die Jezus bracht en door een mens gericht evangelie te prediken.

Als je kijkt naar de verschillende soorten kerken in het Westen dan zie je dit inderdaad vaak voorkomen; zij prediken een evangelie dat meer gericht is op succes en geluk dan op het afleggen van je eigen leven en Jezus maken tot Heer van je leven.

Dit soort evangelieprediking zou niet werken in landen waar het Christen zijn een prijskaartje heeft. Veel van onze preken op zondag zouden onmiddellijk worden genegeerd als ze gepredikt zouden worden aan mensen in landen met zware vervolging.

Stelt u zich de volgende boodschap eens voor: "Geef je leven aan God en Hij zal je helpen om gelukkig te worden" of "God heeft een geweldig plan voor je leven, dus kom daarom tot Hem". Hoe, denkt u, zouden deze boodschappen worden ontvangen als iemand net heeft gezien dat zijn familie gemarteld en vermoord is omdat ze hun leven aan Jezus hebben gegeven? De waarheid is dat veel van wat wordt gepredikt in het Westen waardeloos zou zijn als we vervolging zouden krijgen. We zouden dan gedwongen worden om terug te gaan naar de Bijbel en het echte evangelie, waar het alles kost om Jezus te volgen. Door deze vervolgingen heen zullen we het echte leven gaan leven – een leven met God zonder enige pijn, zonde of ziekte. Vandaag de dag ligt de focus zo zeer op dit leven en zo weinig op het leven dat straks gaat komen. Dit zou veranderen als ons huidige leven moeilijk zou worden door beproevingen en vervolgingen.

We mogen onszelf niet laten bedriegen. We zullen moeten prediken wat de Bijbel zegt, ook al schijnt het niet te werken. Als we het echte evangelie gaan prediken net zoals Jezus, dan zou het de Heilige Geest gaan verplichten om te komen en mensen op het punt van bekering te brengen.

Dan zou redding weer een soeverein werk van God worden, net zoals in de eerste kerk. Dit is namelijk niet het geval bij het andere evangelie, waar we compromissen sluiten. We laten het zo aantrekkelijk klinken om een Christen te worden dat iemand gek zou zijn als hij niet zou willen. Dit andere evangelie zorgt echter niet voor verandering en brengt niet het leven waar de Bijbel over spreekt. Mensen kunnen niet tot God komen tenzij Hij hen trekt. Redding is het soevereine werk van de Heilige Geest.

We lezen in de Bijbel dat God mensen toevoegde aan de kerk, maar zal Hij dat ook doen als wij niet trouw zijn aan Zijn Woord?

Jezus zei deze woorden over degenen die een Christen wilde worden:

"Zo zal dus niemand van u, die niet afstand doet van al wat hij heeft, mijn discipel kunnen zijn." (Lukas 14:33)

Op een dag zullen vele leiders een hard oordeel krijgen wanneer het duidelijk wordt dat ze vele mensen misleid hebben door het prediken van een ander evangelie. Velen zijn zo gedreven door het verlangen naar een grote kerk dat ze compromissen hebben gesloten met wat zij wisten wat de waarheid is. Zij hebben gezien dat het veel makkelijker is om mensen in de kerk te krijgen door iets anders te prediken dan dat Jezus zei dat we zouden moeten doen.

Ik heb een motto die ik wil uitleven, hoewel het soms wel eens moeilijk is. Hier komt hij:

Ik heb liever dat de mensen mij nu vervloeken en bedanken in de eeuwigheid dan dat ze me nu bedanken en vervloeken in eeuwigheid omdat ik niet de waarheid heb gepredikt.

Dit is een motto dat ontzettend moeilijk is om te volgen omdat we allemaal verlangen naar erkenning en we willen allemaal aardig gevonden worden door mensen. Als zij ons echter nu vervloeken en de waarheid horen zodat ze zich kunnen bekeren dan zullen zij ons danken in de eeuwigheid omdat we de waarheid niet voor onszelf hebben gehouden. Dat is beter dan dat ze ons nu bedanken voor onze geweldige preken en voor eeuwig verloren gaan als ze sterven omdat Jezus hun Heer niet was. Zij zullen ons dan vervloeken.

We moeten ons wel beseffen dat, ook al zien we niet dezelfde prijs van het volgen van Jezus zoals in andere landen, het wel dezelfde prijs is die wij moeten betalen. Ook al ervaren wij niet dezelfde vervolging, het is nog steeds hetzelfde evangelie.

Wij hoeven misschien niet onze huizen, familie en andere fysieke dingen op te geven om een Christen te worden in Europa, maar om Jezus te volgen zullen wij ze ook moeten afzweren in onze harten zodat we het ook daadwerkelijk zonder aarzeling kunnen doen als het er op aan komt. Dit is wat Jezus zei:

"Zo zal dus niemand van u, die niet afstand doet van al wat hij heeft, mijn discipel kunnen zijn." (Lukas 14:33)

God kijkt naar onze harten en onze bereidwilligheid, of naar het gebrek daaraan. Als we niet bereidwillig zijn dan zal God ons bereidwillig moeten maken.

Ik persoonlijk kan zeggen dat de afgelopen drie jaar, voordat dit boek klaar was, de moeilijkste jaren zijn geweest in mijn leven als Christen. Zij zaten vol met testen waarin God toestond dat alles werd weggehaald van mijn familie.

Een van die dingen was dat we ons huis verloren, net zoals Jezus zei. Het was niet leuk om hier doorheen te gaan, maar het was noodzakelijk om in staat te zijn om te leren en dichter bij Hem te komen.

Door al deze moeilijkheden en testen heen gaan we zien wat echt waarde heeft. Tegelijkertijd hebben we ontdekt dat huizen en andere bezittingen geen waarde hebben wanneer het er op aan komt. Het enige dat echte waarde heeft is het kennen van Jezus; Hem grijpen en Hem dienen. Moeilijkheden en testen zijn een van de manieren waarop God in ons werkt.

Vrienden van Jezus
en kinderen van God

Voordat we eindigen gaan we kijken naar wat het betekent om een vriend van Jezus en een kind van God te zijn. U zult gaan zien dat het niet strijdig is met wat ik tot hier heb onderwezen, ook al zullen sommigen dit zo denken. In een gesprek met de discipelen, voor het einde van het leven en de bediening van Jezus, noemt Hij de discipelen voor de eerste keer zijn vrienden:

> *"Ik noem u niet meer slaven, want de slaaf weet niet, wat zijn heer doet; maar u heb Ik vrienden genoemd, omdat Ik alles, wat Ik van mijn Vader gehoord heb, u heb bekend gemaakt."* (Johannes 15:15)

Probeer aandacht te schenken aan wat Hij zegt, of aan wat Hij niet zegt. Hij zegt hier niet dat ze zijn slaven niet meer zijn, maar dat hij ze niet langer slaven "noemt". Een andere vertaling zegt dat Hij ze niet langer behandelt als slaven.

Om te kunnen begrijpen wat Jezus hier eigenlijk zegt is het noodzakelijk dat we naar de context kijken. Net voor deze tekst zegt Hij:

> *"Niemand heeft grotere liefde, dan dat hij zijn leven inzet voor zijn vrienden. Gij zijt mijn vrienden, indien gij doet, wat Ik u gebied."* (Johannes 15:13-14)

Wanneer we ons leven neerleggen voor Hem als slaven en Hem onze Heer noemen, dan komt Jezus naar ons toe en zegt dat Hij ons niet langer behandelt als slaven, maar als vrienden. Wat een geweldige eer om een vriend van Jezus genoemd te mogen worden. Het is echt geweldig als je erover nadenkt. Stel je voor dat je vrienden bent met degene die alles heeft geschapen, onze Heer en God.

Vandaag de dag nemen mensen dit vers uit Johannes 15 en doen het voorkomen dat Jezus vrienden is met alles en iedereen, en dit klopt niet. Je wordt pas zijn vriend als je gered bent, als je je leven neerlegt voor Hem en doet wat Hij zegt. Je kunt niet leven als een zondaar en tegelijkertijd vrienden zijn met Jezus. Vriendschap met de wereld is namelijk vijandschap met God. Je zou kunnen zeggen dat het in de Bijbel staat dat Jezus een vriend van zondaars was op grond van dit vers:

"Want Johannes is gekomen, niet etende en drinkende, en zij zeggen: Hij heeft een boze geest. De Zoon des mensen is gekomen, wel etende en drinkende, en zij zeggen: Zie, een vraatzuchtig mens en een wijndrinker, een vriend van tollenaars en zondaars." (Mattheüs 11:18-19)

Dit is ook zo'n vers dat vaak verkeerd wordt begrepen. Natuurlijk bracht Jezus tijd door met zondaren om hen tot bekering te roepen, zoals de Bijbel ook zegt. Je kunt op basis van dit vers echter niet zeggen dat hij intieme vrienden was met hen. Wat we hier lezen is alleen maar wat andere mensen over Hem zeiden. In hetzelfde vers staat dat Hij een vraatzuchtig mens en een wijndrinker was, wat Hij echter ook niet was. Johannes de Doper was ook niet bezet door een boze geest, zoals ze hier beweren.

De vriendschap waarin Jezus ons in vertrouwen neemt is alleen voor degenen die hun leven hebben neergelegd voor Hem en die Hem Heer van hun leven hebben gemaakt. Niet iedereen heeft deze vriendschap met Hem. We kunnen lezen dat Hij op een dag tegen velen zal zeggen:

"Ik heb u nooit gekend; gaat weg van Mij, gij werkers der wetteloosheid." (Mattheüs 7:23)

We zien niet dat Jezus mensen begon te roepen door te zeggen: "Kom tot Mij en wordt mijn vriend." Nee, die vriendschap begint pas als wij ons afkeren van de wereld en Hem tot Heer van ons leven maken. Alleen dan worden we Zijn vrienden en wordt Hij onze vriend.

Een ander ding dat gebeurt bij onze redding is dat God een ring aan onze vinger doet. We worden Zijn zoon of dochter, zoals u kunt lezen in het verhaal van de verloren zoon.

Hoewel we vrienden worden met Jezus en kinderen van God en "Vader, God" kunnen zeggen, is het nog steeds belangrijk dat wij weten wie we zijn en wie Hij is.

Jozef uit het Oude Testament werd gepromoveerd van slaaf tot onderkoning. Maar ondanks die positie was hij nog steeds een slaaf van Farao. Farao kon hem op ieder moment degraderen en hem opnieuw naar de gevangenis sturen. Het woord van Farao was echter ook voor hem geldig en ook Jozef werd geacht om hem te gehoorzamen, zelfs na zijn promotie tot die hoge positie.

Hoewel Jezus ons vrienden noemt en we het voorrecht hebben om een zoon of dochter van God te worden, zijn we nog steeds slaven en verdienen we ook niets anders. Dit betekent dat we alles vanuit genade krijgen en daarom zouden we dankbaar moeten zijn voor alles.

Met andere woorden, het gaat alleen maar om de liefde. U bent misschien verrast door deze woorden omdat er niet zoveel over liefde geschreven is in dit boek. Ik weet dat ik veel heb geschreven over het dienen van Jezus en het gehoorzamen van Hem, maar dienen en gehoorzaamheid zouden het gevolg moeten zijn van onze liefde voor Hem. Hij houdt van ons en heeft dit laten zien toen Hij zichzelf offerde voor ons. Zijn grenzeloze liefde voor ons zou de stille kracht moeten zijn achter alles wat we doen.

Jezus zei:

> *"Gij zult de Here, uw God, liefhebben met geheel uw hart en met geheel uw ziel en met geheel uw verstand. Dit is het grote en eerste gebod. Het tweede, daaraan gelijk, is: Gij zult uw naaste liefhebben als uzelf. Aan deze twee geboden hangt de ganse wet en de profeten."*
> (Mattheüs 22:37-40)

Het is niet moeilijk om van Hem te houden wanneer je begrijpt hoe dit werkt. Het onderwijs over het zijn van een slaaf kan ons juist helpen om meer van Hem te gaan houden, vooral wanneer we gaan zien dat Hij echt goed voor ons is en dat alles wat we krijgen vanuit genade is.

We zijn Zijn slaven, maar Hij behandelt ons als vrienden. Hij houdt meer van ons dan we ooit kunnen begrijpen zolang we hier op aarde zijn. Als slaven bezitten we niets en hebben we niets te zeggen. Toch reikt Hij naar ons uit en neemt Hij ons in vertrouwen.

We waren niets, maar door redding in Christus worden we kinderen van God. Daarom kunnen we God onze Vader noemen omdat Hij dat ook is. Laten we Hem daarom liefhebben met heel ons hart en onze naaste liefhebben.

Koning David begreep dit principe ook. Hij schepte niet op over zijn succes of zijn macht als koning. Zijn gebed was als volgt:

"Ach HERE, waarlijk, ik ben uw knecht, ik ben uw knecht, de zoon van uw dienstmaagd: Gij hebt mijn banden losgemaakt. Ik zal U lof offer brengen en de naam des HEREN aanroepen." (Psalm 116:16-17)

Door onze behoudenis worden we kinderen van God en Jezus noemt ons Zijn vrienden.

Conclusie

We hebben gekeken naar de verschillende aspecten van het Christen zijn, als ik dit woord mag gebruiken.

Maar wat is een Christen eigenlijk?

Het korte antwoord op deze vraag is:

Een Christen is iemand die gelooft in Jezus.

Het probleem is juist dat veel mensen vandaag de dag niet weten wat het betekent. Zij hebben de betekenis van geloof verkeerd begrepen en velen weten niet wat Jezus precies onderwijst. Daarom is het voor hen onmogelijk om in Hem te geloven want dat zou betekenen dat zij zowel in Hem als in zijn onderwijs zouden moeten geloven. Geloof betekent doen wat Hij zegt.

Ik heb in dit boek geprobeerd een eind te maken aan dit probleem door uit te leggen wat het betekent om te geloven in Jezus. Ik heb wat andere woorden gebruikt zodat het duidelijker zou worden wat geloven in Jezus echt is en omvat. Waarschijnlijk heeft u gezien dat er helaas velen zijn die hier in de fout zijn gegaan. Op een dag zullen velen verloren gaan omdat behoudenis alleen gevonden kan worden in Jezus. Het verklaart waarom vele kerken en Christenen niet wandelen in het leven en de kracht zoals de eerste Christenen in de Bijbel.

Ik zal u nu een langer en dieper antwoord geven op de vraag: *Wat is een Christen?*

Een Christen is iemand die zijn leven heeft neergelegd aan de voet van het kruis en die Jezus heeft gemaakt tot Zijn Heer en Redder. U toont uw toewijding door u te laten dopen ten einde bij Jezus Christus te horen. Vanaf dat moment leeft u niet langer voor uzelf, maar voor degene die gestorven en opgestaan is, namelijk Jezus Christus. Dit noemt men ook wel bekering.

Wanneer u zich bekeert dan wordt u wedergeboren en neemt de Heilige Geest zijn intrek in u. U bent nu een nieuwe schepping, zoals de Bijbel het noemt; niet geboren vanuit de wil van een mens, maar vanuit de Geest van God. Er gebeurt iets bovennatuurlijks in u en deze nieuwe geboorte is het begin van uw wandel als Christen.

Door deze nieuwe geboorte wordt u ook verlost van de slavernij van de zonde, en daarom kunt u uzelf vanaf dat moment geven als een heilig offer voor God.

Als wedergeboren Christen kunt u niet langer bewust in zonden leven zoals vroeger. Uw geweten is compleet nieuw geworden. Het is scherp en schoon en het zorgt ervoor dat u het direct opmerkt wanneer u zondigt. Het zorgt er ook voor dat u wilt stoppen met een zondig leven. U zult zich vrij voelen als het gaat om zonde en het streven naar een heilig leven, ondanks uw tekortkomingen en uw strijd tegen het vlees.

Daarom leeft u als Christen niet langer voor uzelf, in bewuste zonde. U bent klaar met uzelf en met de wereld. U zegt niet langer: "Laat mijn wil geschieden", maar "Heer, ik hou van u, laat Uw wil geschieden in mijn leven."

Als wedergeboren Christen zult u ook een natuurlijke honger hebben naar de pure melk van het Woord, de Bijbel. Net zoals een gezonde baby verlangt naar melk, zal uw geest het uitschreeuwen naar meer van God. Als Christen blijft u in het Woord, en laat u zich leiden door het Woord dat u vrij zal zetten.

"Als gij in mijn woord blijft, zijt gij waarlijk discipelen van Mij en gij zult de waarheid verstaan, en de waarheid zal u vrijmaken." (Johannes 8:31-32)

Een Christen is ook iemand die gedoopt wordt in de Heilige Geest en Zijn kracht en leven in zichzelf ervaart. De doop in de Heilige Geest is zeer belangrijk voor ons om te kunnen leven als Christenen. Zonder deze doop zult u nooit de kracht en de openbaring ervaren die de eerste discipelen hadden.

Door de doop in de Heilige Geest en door intimiteit van God en Zijn Woord krijgen wij als Christen de kracht om het leven te leven zoals we dat lezen in de Bijbel; een leven met veel uitdagingen en obstakels; een bovennatuurlijk leven waar God dichtbij is en dagelijks tussenbeide komt op vele manieren; een leven zoals we dat lezen in het boek Handelingen; een leven waarin je niet kunt stoppen met praten over alles wat je gezien en gehoord hebt.

Al deze dingen beschrijven het Christen leven, maar om dit te kunnen ontvangen moet u absoluut wedergeboren zijn. Probeert u alstublieft niet om als een Christen te leven zonder deze weder-geboorte, want dat is onmogelijk. Als u het toch probeert dan zal het mis gaan want in deze nieuwe geboorte geeft God u alles wat nodig is om in staat te zijn om met Hem te leven. Hij geeft ons de Heilige Geest als onze helper en gids die Jezus zal openbaren aan ons.

Zonder deze nieuwe geboorte zal uw Christenleven aanvoelen als regels en dode werken, en het zal eindigen in uw ondergang – zonder Christus gaat u het niet redden.

Het begint allemaal met de nieuwe geboorte vanuit God.

Een Christen is ook iemand die God echt wil eren door zijn leven. Dit gebeurt door het eren van de Zoon en het gehoorzamen van God; door trouw te zijn in alles wat u doet; door werken als is het voor de Heer (Efeze 6:7); door het neerleggen van uw leven voor uw familie als is het voor de Heer (Efeze 5:25); door alles te doen als is het voor de Heer.

"En al wat gij doet met woord of werk, doet het alles in de naam des Heren Jezus, God, de Vader, dankende door Hem!"

"Want niemand onzer leeft voor zichzelf, en niemand sterft voor zichzelf; want als wij leven, het is voor de Here, en als wij sterven, het is voor de Here. Hetzij wij dan leven, hetzij wij sterven, wij zijn des Heren." (Kolossenzen 3:17) (Romeinen 14:7-8)

Een Christen leeft en ademt voor zijn Heer, Jezus Christus. Met andere woorden, een Christen is iemand die van God houdt met heel zijn hart, heel zijn ziel en heel zijn gedachten, en die van zijn naaste houdt zoals hij van zichzelf houdt. (Mattheüs 22:37-40)

Zoals u heeft kunnen lezen begint het Christen leven met de nieuwe geboorte, maar het stopt daar niet want na de wedergeboorte en de doop in de Heilige Geest moet u gaan leren om te wandelen en te leven met God. Deze wandel is grotendeels gebaseerd op intimiteit met God en tot een discipel gemaakt worden door mensen die voor ons uit zijn gegaan—anderen die het leven leiden zoals we kunnen lezen in de Bijbel.

Je wordt geen discipel door onder onderwijs te zitten in de diensten, maar voornamelijk door leven met elkaar te delen. Het gebeurt door het maken van fouten en daarvan te leren. Het gebeurt door correctie en uitdagingen om verantwoordelijkheid te nemen en nieuwe stappen te zetten. Het gebeurt door praktische dingen zoals leren om te evangeliseren, leren om te bidden, vasten en het bestuderen van de Bijbel—iets dat vandaag de dag helaas te weinig wordt benadrukt.

Jezus gebruikt deze beschrijving van het Christen zijn en het aan Hem toebehoren:

"Mijn schapen horen naar mijn stem en Ik ken ze en zij volgen Mij, en Ik geef hun eeuwig leven en zij zullen voorzeker niet verloren gaan in eeuwigheid en niemand zal ze uit mijn hand roven." (Johannes 10:27-28)

Je zou daarom ook kunnen zeggen dat een Christen iemand is die Zijn stem hoort en Hem volgt. Als je daarom niet hoort wat Jezus zegt dan volg je Hem ook niet en behoor je Hem niet toe, wat inhoudt dat je geen Christen bent. Dit is wat Jezus zelf zegt.

Mijn vraag aan u is niet of u een Christen bent of dat u gedoopt bent. Ik vraag u ook niet of u gelooft in Jezus of naar de kerk gaat.

Mijn vraag is:

Bent u echt wedergeboren?

Bent u een discipel van Jezus?

Hoort u Zijn stem en volgt u Hem?

Als u ontkennend antwoord op deze vragen dan moet u zich vandaag bekeren en vragen of Jezus u redt. Zonder Zijn behoudenis zult u verloren gaan en voor eeuwig in de hel zijn. God is een rechtvaardig God, die op een dag alle mensen zal oordelen. We zijn allemaal schuldig en hebben gezondigd en daarom hebben we allemaal vergeving nodig. God houdt zoveel van u dat Hij Zijn enige zoon gaf, Jezus Christus, om in onze plaats te sterven. Aan het kruis nam Jezus onze straf op zich. Hij nam uw zonde en mijn zonde op zich zodat wij vrij zouden kunnen zijn in Hem. We vinden deze vergeving alleen in Christus, door bekering en Hem te maken als Heer van ons leven, met alles wat daar bij hoort. Ik hoop dat u deze vergeving ontvangt voordat het te laat is.

Zoek Hem en leer Hem kennen zoals Hij is. Lees de Bijbel en laat de Heilige Geest u zien hoe u moet leven. Ga daarna op zoek naar discipelen die u tot een discipel kunnen maken – mensen die voor u uit gaan en die u kunnen leren en laten groeien.

Dan kunt u op uw beurt ook andere mensen maken tot discipelen van Jezus, wat Hij ons ook heeft opgedragen om te doen. Als u dit al doet, laten we dan samen optrekken en de boodschap over het Christen zijn, een discipel en een slaaf zijn, uitdragen aan allen die het nog niet gehoord hebben. Moge de Europeanen begrijpen wat het betekent om een Christen te zijn in het dagelijkse leven.

Moge er een Nieuw Testamentisch Christendom terugkomen naar Europa. God is vandaag dezelfde zoals Hij in Bijbelse tijden was.

God zegene u.

Torben Søndergaard

Een discipel van Jezus Christus

www.thelastreformation.com

Over de auteur

Torben Søndergaard

Torben Søndergaard woont met zijn vrouw, Lene, en hun drie kinderen in Denemarken in de stad van Herning.

Torben groeide op in een niet-christelijke familie. Op 5 April 1995, na het bijwonen van een kerk dienst met een vriend, hij wendde zich tot God en had een sterke, persoonlijke ontmoeting met Jezus die volledig zijn leven veranderde. Vijf jaar later, uit een schrift in de Bijbel en in een soort van wanhoop na meer van God, Torben op een 40-daagse snel aan de slag die veel dingen in zijn leven getransformeerd. Zijn ogen waren meer open voor Gods woord en wat het evangelie is over. Hij begon te begrijpen hoe lauw en ver weg van de waarheid die christenen was geworden. Hij zag dat God had riep hem om te spreken van zijn woord zonder compromis.

Torben heeft gewerkt als een evangelist en kerk planter voor enkele jaren. Vandaag, heeft hij vergaderingen rond Denemarken en in het buitenland, waar hij ziet veel mensen krijgen van genezen en set gratis. Hij is de auteur van zes andere boeken, op radio en TV vele malen geweest. Afgezien van dat, is hij de oprichter van de websites: OplevJesus.dk, Mission.dk, en de Engelse websites:

TheLastReformation.com en TheLastReformationUSA.com

www.ingramcontent.com/pod-product-compliance
Lightning Source LLC
Chambersburg PA
CBHW071057090426
42737CB00013B/2363